말하는 수학

이것이 진짜
수학공부다

국내 최초 플립러닝 수학 공부법

말하는 수학

양환주 · 정철희 공저

글로세움

목차

2장
이것이 진짜 수학 공부다

3장
'말하는 수학'은 플립러닝이다

4장
'말하는 수학'의 학습효과

인공지능 시대, **핵심역량**을 키우는 수학 공부가 필요하다

모라벡(Hans Moravec) 패러독스라는 게 있다. '로봇에게 쉬운 문제는 인간에게 어렵고, 반대로 로봇에게 어려운 문제는 인간에게 쉽다'는 모순적인 원리다. 고도의 추론능력이 필요해 보이는 바둑과 같은 게임도 그 속에서 반복적인 패턴과 규칙을 찾을 수 있는 영역이라면 인공지능에게는 아주 쉽다. 패턴과 게임 규칙을 밤새워 학습한 알파고가 이세돌을 쉽게 이길 수 있었던 이유다. 그러나 공이 어디로 튈지 모르는 축구 게임에서는 로봇이 인간을 이길 수 없다.

결국 반복되는 규칙을 찾을 수 있는 일은 인공지능 로봇이, 반복되지 않는 혁신과 창조는 인간이 담당하면 더 살기 좋은 세상을 만들 수 있을 것이다. 이것이 모라벡 패러독스에서 배울 수 있는 '인간과 로봇의 공존' 원리다.

인간이 인공지능의 알고리즘을 이길 수 있는 곳은 반복적이지 않은 일, 바로 창의성의 영역에서다. 또한 '왜'에 대해 질문하면서 문제의 근본을 파고드는 비판적 사고의 영역에서다. 인간과 인공지능 로봇이 공존하는 4차 산업혁명 시대에는 반복적인 일은 인공지능에 맡기고, 인간은 보다 고차적인 사고와 창의성이 필요한 일에 몰입하는 것이 서로의 역량을 극대화하는 시나리오다. 이것이 미래 사회의 구성 원리가 될 것이다.

비판적 사고, 창의성과 함께 갈수록 소통과 협업능력이 중요해지고 있다. 사회가 전문화되면서 영역 간 융합과 통섭은 이제 필수다. 전문성이 강화된다는 것은 다른 측면에서 보면 영역 간에 분절이 심화되고 경계 간의 울타리가 높아진다는 것을 의미한다. 그러나 세상의 모든 문제는 서로 연관돼 있고, 세계는 언제나 전체로서 존재한다. 제대로 혁신을 도출해내기 위해서는 문제를 전체적인 시각에서 접근하지 않으면 안 된다.

마이크로 의료로봇을 개발하는 데 로봇 공학도들끼리 모여 '좁은 렌즈'로 뭔가를 해결하려는 시도는 볼 것도 없이 실패하게

돼 있다. 인공지능 소프트웨어 개발자들과 전문 의료진과의 긴밀한 소통과 협업이 반드시 필요하다. 학제 간 통섭적 연구와 영역 간 융합적 문제해결이 결정적으로 중요해지고 있다. 다양한 사람들이 모여 아이디어를 소통하고 서로 협력하여 팀플레이를 통해 '큰 렌즈'를 만들어내야 문제를 해결할 수 있는 시대다. 이제 소통하고 협력하여 문제를 해결할 수 있는 능력은 뭔가 의미 있는 성과를 창출하기 위해서는 반드시 갖춰야만 할 '생존 역량'이 아닐 수 없다.

세계적인 기업의 경영자들이 '보다 혁신적인 아이디어와 유연한 뇌를 가진 인재가 필요하다'고 부르짖는 이유가 어디에 있다고 생각하는가? 창의력(Creativity), 비판적 사고(Critical Thinking), 의사소통 능력(Communication skills), 협업(Collaboration), 이 4가지 핵심역량(4C)을 갖춰야 인공지능 시대에 살아남을 수 있다고 전 세계 교육계 리더들이 강조하는 이유가 과연 무엇이라고 생각하는가?

파괴적 교육혁신이 시급하다

미국에서 개발된 법률분석 AI '로스(ROSS)'는 1초에 무려 10억장에 달하는 판례를 분석해낸다. 사람의 일상 언어를 알아듣고 법률 문서를 분석한 후 질문에 적합한 대답을 할 수도 있다. 언제, 어디서나, 누구든 필요한 지식을 쉽게 찾아내고 실시간으로 해결할 수 있는 세상이 되었다. 최고의 고급 지식이 물과 공기처럼 공유재로 바뀌고 있다. 세계 최고 석학의 강의가 유튜브와 같은 오픈 플랫폼이나 무크(MOOC) 등에 넘쳐난다.

손가락만 눌러보면 구글이나 위키피디아를 통해 사실적 지식을 확인할 수 있는 요즘 세상에 지식정보로 꽉 채운, 무거운 머리를 갖게 만드는 교육 방식은 이제 더는 성공의 비결이 아니다. 인공지능 시대를 살아갈 우리 아이들에게 진짜 필요한 역량은 5지선다형의 문항에서 하나의 정답을 고르는 능력 따위가 아니다. 지식의 양을 늘리기 위해 컴퓨터와 경쟁하듯 암기하는 교육방식이 과연 무슨 의미가 있겠는가? 포크레인이 등장하는 순간 삽질을 잘하는 능력이 무의미해졌듯이 암기능력은 갈수록 쓸모가 없어지고 있다.

비판적 사고와 창의성, 그리고 대인관계 능력과 같은 사회적 감성적 역량이라는 소프트 스킬이 직장과 사회에서 성공의 핵심 요소라는 것이 명백함에도 불구하고 우리는 여전히 하나의 정답을 골라 암기하는 능력을 키우는 교육에 목을 매고 있다. 당치도 않는 암기력을 기준으로 아이들을 한 줄로 세워 뒷줄에 서 있는 아이들은 마치 별 쓸모없는 '하류 인생'을 살고 있기라도 하듯이 취급하고 있다. 이것은 교육이라는 미명하에 아이들의 영혼에 지울 수 없는 상처를 남기는 폭력이자 그들의 미래를 망치게 하는 일종의 범죄 행위가 아닐까?

부모들 또한 내 자식의 머릿속에 지식정보를 가득 채워주기만 하면 일류대를 졸업하여 수억 원의 고액 연봉을 받고 성공의 전당에 입성하는 인생의 길을 걸어가게 될 거라고 착각하고 있다. 우리 사회가 가진 왜곡된 성공의 초상이다.

전 세계적으로도 특히 유별나게 주입식 교육에 매달리고 있는 우리나라 교육 시스템은 총체적인 위기상황에 몰려있다고 할 수 있다. 이미 과거 10여 년 전에 미래학자 앨빈 토플러는 "한국 학생들은 학교와 학원에서 미래에 필요하지도 않은 지식과 존재하지도 않을 직업을 위해 하루에 10시간 이상을 낭비하고 있다"고 일갈한 바 있다. 밤늦게까지 계속되는 교실 수업에서 학생들이 한 거라곤 단편적인 지식을 암기하는 게 전부인 한국의 교육은 한마디로 '미친(Crazy) 짓'이라는 거다. 한국의 암기식 교육시스템은 "기존 시스템의 토대 위에서 개혁(Reform)할 수 없고, 아예 뿌리 채 뽑아내야(Replace) 한다"고 했다.

파괴적 혁신이론의 주창자인 하버드대 클레이튼 크리스텐슨 교수 또한 "우리 시대의 교육 개혁은 기존의 교육 모델과 시스템을 근본에서 혁신하는 '파괴적 혁신'으로 나아가야 대안이 될 수 있다"고 했다. 기존의 주입식 교육방식과 모델을 부분적으로 수선하는 개혁으로는 대안이 될 수 없다는 것이다.

'말하는 공부'로 핵심역량을 키우는 플립러닝

이제는 기계에 의해 대체되지 않는 역량을 키우는 것은 절박한 생존의 문제가 되었다. 모든 과목, 모든 수업 시간에 교과 지식과 함께 핵심역량을 키우는 공부가 절실하다. 계속 듣기만 하면서 수동적으로 지식을 집어넣는 공부가 아니라 능동적으로 생각을 꺼내 표현하고 토론하는 공부가 필요하다. 그래야 생각하는 힘을 키울 수 있고 자기만의 비판적 시선을 다듬을 수 있다. 경쟁과 불통을 가르치는 것이 아니라 반대로 입을 열어 자기 생각을 이야기하고, 친구와 함께 협력하여 문제를 해결하는 공부를 해야 한다. 한마디로 '말하는 공부'로 교실 수업을 혁신해야 한다.

교실 안에서의 공부 방법을 바꾸지 않고서는 4C로 대변되는 핵심역량을 키울 수 있는 방법은 없다. 따라서 핵심역량을 키우는 미래형 교육은 곧 기존 지식전달형 수업방식에 대한 전면적 혁신을 통해서만 가능한 문제다.

다행스럽게도 최근 몇 년 사이 전 세계 교육계에 의미 있는 변화가 일어나고 있다. 200여 년 동안 지배해왔던 기존 산업시대의 근대적 교육 패러다임을 21세기 미래형 교육모델로 혁신하자는 열풍이 거세게 불고 있다. 우리나라에서도 이러한 교육 방법의 혁신이 초중고뿐만 아니라 대학에서도 광범위하게 일어나고 있다. 플립러닝(Flipped Learning)이 바로 그것이다.

지금까지는 교실에서 교사가 일방적으로 지식을 설명해주면 집에서 숙제를 하면서 복습을 하는 것이 일반적이었다. 교실에서는 침묵을 지킨 채 교사의 설명을 들으면서 지식을 입력하는 공부가 전부였다. '거꾸로 교실(Flipped Classroom)'이라고도 불리는 플립러닝은 이것을 거꾸로 뒤집은 것이다. 수업 전에 미리 동영상으로 학습내용을 예습한 후에 교실에서는 문제풀이를 통해 지식을 응용, 심화시키고 질문과 팀별 토론을 통해 생각을 표현하고 소통하는 수업방식이다. 일방적으로 지식 전달만 받던 학생들이 이제는 학습과정에 능동적으로 참여하여 질문과 토론을 통해 지식을 응용, 심화, 비판, 창조하는 활동에 주력하는 수업방법이다. 한마디로 '말하는 공부'를 통해 핵심역량을 키우는 지식 창조형 수업방식이다.

수학도 이제 '말하는 수학' 공부법으로

올림피아드교육은 국내 최초로 수학 교육에 플립러닝을 창안하고 적용하여 주입식 수학교육 방식에 일대 혁신을 불러일으켜 왔다. 2010년부터 기존 전통적 교육모델을 거꾸로 뒤집는 실험을 통해 새로운 혁신적 수학교육 모델인 '말하는 수학' 유투엠을 개발하여 현장에 적용해오고 있다.

　이 책은 처음 새로운 수학교육 프로그램을 기획하면서 기존 수학교육 방법론과 수업방식에 의문을 표시하면서 전통적 수학교육 방식을 거꾸로 뒤집은 과정에 대한 진솔한 보고서다. 왜 주입식 수학교육을 중단하고 '말하는 수학'으로 수학교육의 패러다임을 바꿔야 하는지에 대한 교수학습 이론상의 근거와 이유에 대해 일선 현장의 교사들뿐만 아니라 학부모들도 쉽게 이해할 수 있을 것이다. 또한 이 책은 무엇보다 그동안 수많은 아이들이 '말하는 수학' 공부법을 통해 어떻게 수학을 재미있게 배우면서도 수학적 사고력을 키울 수 있는지에 대한 지난 10년의 성장보고서이기도 하다.

'말하는 수학'은 뇌가 수학적 지식을 가장 효과적으로 습득하게 하는 '뇌과학적 공부법'이면서 동시에 인공지능 시대를 살아갈 우리 아이들이 미래 사회의 핵심역량을 키울 수 있는 공부법이라고 말할 수 있다. 학습효과도 높이면서 동시에 핵심역량을 키울 수 있는 혁신적 수업방식이라는 점에서 '말하는 수학'은 기존의 전통적 주입식 수학교육을 대체하는 미래 지향적인 수학교육 모델이 아닐 수 없다.

교육방식을 거꾸로 뒤집으면 기적과 같은 광경이 눈앞에서 벌어진다는 교육 현장의 보고가 쏟아지고 있다. 주입식 강의가 사라진 교실에 학생의 적극적인 참여와 협력적 소통이 도입되면 아이들은 능동적으로 학습에 몰입한다. 침묵 대신 질문이, 일방적 전달 대신 생각의 출력과 표현이 활성화된다. 수업구조를 바꾸는 것만으로도 혼자 하는 공부가 '함께 하는 공부'로 바뀐다. 듣는 공부가 아니라 '말하는 공부'가 생각과 창의, 소통과 협력을 키우는 4차 산업혁명 시대의 진정한 교육이다. 이제 수학도 '말하는 공부'로 바꾸어야 할 때다.

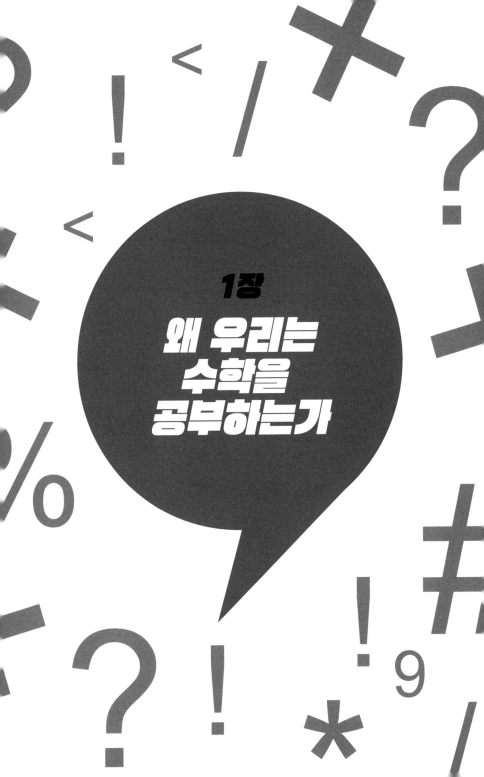

1장

왜 우리는
수학을
공부하는가

01
학교 교육 주입식이 문제다

"조용히 해라."

학교에 다닐 때 수업시간에 가장 많이 들었던 말이다. 50년 전이나 지금이나 똑같다. 교실에서는 끊임없이 침묵이 강요된다. 학년이 올라갈수록 교실은 쥐죽은 듯 고요함 속에 침묵만이 가득하다. 교사와 아이들 모두 공부를 지식의 주입이라고 생각한다. 교사가 칠판 앞에서 설명해주면 아이들은 조용히 입 다물고 머릿속에 집어넣고 암기하는 것이 공부라고 생각하는 것이다.

아이들은 계속 듣기만 할뿐 질문할 줄 모른다. 유치원 때까지만 해도 끊임없이 '왜?'라는 질문을 쏟아내서 엄마를 당혹하게 했던 아이들이 학교에 가고, 고학년으로 올라갈수록 입을 닫고 질문하지 않는다. 질문이 사라진 교실에서 아이들은 점차 호기심과 생각하는 힘을 잃어가고 있다.

공부를 '지식의 전달'이라고 생각하는 교사는 아이들이 가르쳐주는 것에 의문을 제기하거나 비판적 생각을 덧붙이는 것은 쓸데없고 나아가 불온한 일로 간주한다. 공부를 '지식의 입력'이라고 생각하는 아이들 또한 의문을 갖고 질문하고 비판적 관점에서 생각해보는 것은 쓸모없는 일이라고 여긴다. 교과 내용을 그대로 암기하고 5지 선다형에서 하나의 정답만 고르면 되는데, 굳이 '왜'라는 비판적 생각을 넣어 토론하는 것은 시험에 아무런 도움도 되지 않는, 그저 시간을 낭비하는 헛공부일 뿐이라고 생각하는 것이다.

역대 노벨상 수상자의 25%를 차지하고 정치, 경제, 금융, 학문, 문화 등 거의 모든 영역에서 세계를 움직이고 있는 유대인들이 교실 수업에서 교사로부터 가장 많이 듣는 말은 '마따호세프?'이다. '너는 어떻게 생각하니?' '너의 의견은 무엇이니?'라는 질문인 것이다. 강요된 침묵 속에서 호기심과 비판적 사고력을 잃어버리는 우리와는 반대로, 유대인 아이들은 어릴 때부터 끊임없이 질문과 말하기를 통해 비판적으로 생각하는 힘과 창의적으로 표현하는 능력을 키운다. 질문과 토론을 통해 예리하게 갈고 닦은 비판적 사고력과 창의력으로 세계를 주도하는 리더로 성장해 나아가는 것이다.

'교실에서 어떤 방식으로 교육을 하고 우리 아이들에게 어떤 능력을 키워 줄 것인가' 하는 문제는 4차 산업혁명의 시대에 개인과 국가의 미래 운명이 걸린 중대한 문제가 아닐 수 없다.

인공지능과 로봇이 고도로 전문적인 정신적 노동까지 대체하고 있다. 4차 산업혁명의 시대에 필요한 역량은 더는 교과 지식을 암기하는 능력이 아니다. 아이들을 침묵의 늪에 빠트린 채 지식을 머릿속에 집어 넣어주는 데 주력하는 공부는 이제 정말 쓸모없는 교육이 아닐 수 없다.

배움이 일어나지 않는 주입식 교실

교사가 지식을 일방적으로 전달하는 주입식 교실에서는 학생들의 뇌에서 배움이 제대로 형성되지 않는다는 것이 큰 문제다. 역설이 아닐 수 없다. 지식을 아이들의 머릿속에 집어넣어주는 데 주력하지만, 주입식 교육은 아이러니하게도 지식을 입력시키는 데서도 결코 효율적인 방식이 아니라는 것이다.

공부란 다른 말로 학습(學習)이다. 배움(學) 뒤에 충분한 익힘 (習)이 뒤따라야 배움이 완성되는 법이다. 그러나 기존 전통적인 교실에서는 교사의 가르침만 있고 학생의 익힘은 충분치 않은 수업이 진행된다. 교사는 가르치고 학생은 계속 듣기만 하면서 수업시간을 다 써버린다. 배운 뒤에 배운 내용을 꺼내 익히는 과정 없이 끝내버리는 것이다.

익힘이 뒤따르지 않는 수업에서는 사실상 배움 자체가 제대로 형성되지 않는다는 게 문제다. 익힘의 과정이 없는 배움, 출력이 없는 입력만으로는 지식을 온전히 나의 것으로 체화시킬 수 없다. 정보를 한번 입력하는 것으로 끝내버리면, 배운 것이 머릿속에 제대로 남지 않고 그저 한번 휙 스쳐 지나갔을 뿐이다. 학습자로 하여금 한번 배웠으니까 안다고 착각하게 만들 뿐이다.

듣고 보는 것으로 끝나는 수동적인 입력학습, 곧 충분한 출력 연습 없이 집어넣는 것으로 끝나는 주입식 공부로는 배운 내용을 이해했다 하더라도 학습자의 뇌에서 뉴런의 연결이 금방 끊겨 버린다. 뉴런의 연결이 끊긴다는 것은 배운 내용을 금방 잊어버린다는 것을 뜻한다. 귀로 듣는 공부는 24시간 후에 공부한 내용의 5%만을, 눈으로 보는 공부는 10%만을 기억한다는 미국 NTL연구소의 연구 결과는 바로 이러한 뇌과학적 근거에서 나온 것이다. 수업이 일방적 강의와 설명으로 도배될수록 학습자의 뇌에서는 익힘이 사라지고, 결국 배움 자체가 제대로 형성되지 않는 상태에 빠지는 것이다.

"칠판식 강의 방식의 교실에서는 생각할 시간이 없다. 받아먹기만 할 뿐 소화를 못 시킨다. 생각은 못 하고 오직 듣기만 한다. 진정한 학습이 일어나지 않는다. 교사가 말을 잘하면 학생들이 주의를 집중해서 많은 것을 배우는 듯하지만, 그것은 환상이요 착각이다."

주입식 강의는 학습효과가 없기 때문에 학생들이 학습 과정에 적극적으로 참여하는 학생 중심의 능동적 수업으로 대학 강의실을 혁신해야 한다고 역설하고 있는 하버드대 물리학과 마주르 교수의 뼈아픈 일침이다.

교사가 일방적으로 주입하고 전달하는 주입식 강의가 아무런 효과가 없다는 것은 MIT 대학의 뇌 연구에서도 적나라하게 드러났다. 학생들이 하는 일에 따라 뇌가 어떻게 달라지는지를 특수 뇌파 촬영 장치를 통해 일주일 동안 살펴보았다. 연구 결과 교실에서 오직 듣기만 하는 주입식 강의 시간에는 교감신경계가 거의 활동하지 않는다는 사실이 밝혀졌다.

교감신경계가 활성화된다는 것은 집중, 각성, 흥분, 긴장 등이 증가한다는 것, 한마디로 뇌가 깨어 있어서 활발하게 활동한다는 걸 의미한다. 교사의 설명을 일방적으로 듣는 수업 시간에는 우리 뇌의 교감신경계가 거의 활동을 하지 않는다는 게 뇌 과학으로 검증된 것이다. 이는 강의 시간에 아무리 교사가 앞에서 열심히 강의한다 하더라도 가만히 앉아 듣기만 하는 공부는 거의 학습효과가 없다는 것을 의미한다.

교사가 수업시간에 강의만 잘하면 학생들이 많은 걸 배워간다고 생각하는 전통적 교수학습 이론의 근본 가정과 전제 자체가 틀렸다. 아이들의 뇌 속에서 진짜 배움이 일어나는 수업을 해야 한다. 그러기 위해서는 강의만 하지 말고 학생들이 적극적이고 능동적으로 참여하는 다양한 학습활동을 하게 해야 한다.

지식이란 마치 물건을 창고에 집어넣어 차곡차곡 쌓는 것처럼 교사가 아이들의 머릿속에 일방적으로 집어넣어 줄 수 있는 그 무엇이 아니다. 지식은 학습자가 의식적이고 능동적인 활동을 통해 두뇌 속에 구성하는 과정을 거쳐야 비로소 형성되는 법이다. 입력한 지식과 정보를 기억에서 다시 꺼내 익히고 응용하는 학생 중심의 능동적 활동을 교실 수업에 통합해야 뇌에서 배움이 일어나고 학습효과가 높아지는 것이다.

우리가 지식을 배우고 공부하는 궁극의 목적은 필요할 때 언제든 그것을 자유롭게 꺼내 사용하기 위한 것이다. 어떤 것을 이해했다는 것은 곧 그것을 언제든 꺼내 사용할 수 있다는 것을 의미한다. 꺼내서 사용하고 표현할 수 없는 지식은 진짜 내 지식이 아니다. 일방적 전달과 입력을 통해 얻은 지식은 피상적이고 허약해서 뇌에서 금방 사라져 버리기 때문에 그것을 다시 꺼내 사용하고 응용할 수가 없다. 그것은 온전한 의미에서 이해된 것이 아니다. 익힘과 표현이 없는 수동적인 입력만으로는 뇌에서 의미 있는 배움이 형성되지 않는다. 그저 듣기만 했을 뿐 진짜 배운 게 아닌 것이다.

지식을 주입하여 암기시키는 데 주력하는 기존의 전통적 주입식 교육은 역설적이게도 지식을 습득하는 데서도 효과적인 방법이 아니라는 거다. 교사 중심의 강의와 지식의 일방적 전달로 수업 시간을 꽉 채우는 기존의 주입식 교육을 중단해야 하는 이유가 바로 여기에 있다.

주입식 교육은 핵심역량을 죽인다

주입식 교육의 또 한 가지 더 큰 문제는 아이들에게서 '생각하는 힘'을 빼앗고 있다는 점이다. 일방적인 지식의 주입이 아이들의 생각과 창의성을 질식시키고 있다. 비판적 사고력과 창의력을 억압하고 의사소통 능력을 상실하게 하여 꿀 먹은 벙어리로 만들고 있는 것이다.

안타깝게도 우리 교육은 인공지능 로봇에 의해 대체될 수밖에 없는 능력을 키우고 있다는 것이 부인할 수 없는 현실이다. 현재의 주입식 교육체제 하에서 우리 아이들은 결국 미래 사회를 살아가는 데 필요한 핵심역량은 제대로 키우지 못하면서 별 쓸모도 없는 지식을 암기하느라 소중한 청소년기를 허비하고 있는 것이다.

한국에서 미국 대학으로 유학을 떠나 세계적인 로봇공학자가 된 UCLA 데니스 홍 교수도 지식을 암기하여 정해진 답만 찾는 훈련을 하는 우리나라 주입식 교육의 문제점을 지적하면서 비판적이고 창의적으로 생각하는 힘을 키우는 교육이 절실히 필요하다고 강조한다.

박순서의 저서 《공부하는 기계들이 온다》에서 밝힌 데니스 홍 교수의 인터뷰에서도 그의 이러한 생각이 잘 드러나고 있다.

"제가 엔지니어링 교수니까 공학을 예로 들어 이야기할게요. 미국 공학계에서는 '핸드 온 마인드 온(hands on, minds on)'을 중시합니다. 손으로 직접 만지며 생각하는 거죠. 수학문제를 주면 우리나라 학생들은 기가 막히게 풀어요. 미국 학생들이 인간 계산기라면서 깜짝 놀랍니다. 그런데 한국 학생들은 프로젝트를 준다든가, 답이 있는지 없는지 모르는 문제나 답이 여러 개인 문제를 주면 정말 헤매요. 어떻게 해야 할지 몰라요. 왜 그럴까요? 우리나라의 주입식 교육 때문이 아닐까요? 지식을 집어넣는 것도 물론 중요합니다. 하지만 지식을 분석하고 데이터를 프로세싱하는 것은 사실 컴퓨터가 더 잘합니다. 컴퓨터나 로봇이 할 수 없는 분야에 집중해야 해요. 창의적이고 비판적인 생각을 할 수 있도록 어렸을 때부터 새로운 교육 패러다임이 필요하다고 생각해요."

현재의 교육을 지속할 경우 학교에서는 높은 성적을 받은 모범생이었지만 막상 사회에 나와 직장에서 업무를 수행하고 실험실에서 새로운 프로젝트를 개발해야 할 때 창의력이 부족해 잘못된 방식을 계속 답습하게 될지도 모른다. 미래에는 오직 창의적이고 협력적인 사람들만이 잘 설계된 로봇과 인공지능의 알고리즘을 뛰어넘는 성취를 이룰 것이다. 비판적으로 질문하고 창의적이고 혁신적인 해법을 찾을 줄 아는 사람들만이 로봇과 인공지능에게 무엇을 할 것인지 지시하게 될 것이다.

비판적 사고력, 창의력과 같은 높은 수준의 인지적 역량과 소통, 협업 능력과 같은 사회 정서적 역량은 주입식 교육 방식으로는 결코 기를 수 없다는 것이 명백하다. 결국 4차 산업혁명 시대를 개척할 창조적 인재의 양성을 위해서는 새로운 교육 방식의 도입이 시급하다. 인공지능 시대의 핵심역량을 키우는 교육으로의 혁신을 더 이상 늦출 수 없다는 말이다.

세상에 대해 호기심을 품고 질문할 줄 알고 비판과 궁리를 거듭하면서 깊이 있게 생각하는 힘을 키우는 공부가 필요하다. 토론을 통해 비판적 시선을 예리하게 다듬고, 서로 협력하고 소통하면서 융합적으로 문제를 해결할 줄 아는 능력을 키우는 공부가 우리 아이들에게 인공지능 시대를 살아갈 삶의 역량을 키워주는 '참 공부'가 아닐 수 없다.

02
왜 **수포자**가 생기는가

우리 학교가 주입식 교육의 문제를 안고 있는 가운데 수학 교육의 현실은 어떤가.

"가장 많은 시간을 함께 하면서 공을 들였지만 도저히 친해질 수가 없다."

"지긋지긋한 마음마저 들어서 아예 없어져 버렸으면 좋겠다."

이것은 인류의 삶에 지대한 영향을 끼친 수학을 두고 우리 아이들이 하는 이야기다. 수학이 아이들에게 왕따를 당하고 있는 셈이다. 미워하고 피하는 것은 이미 오래된 일이고, 두려움의 대상이 되었다.

주입식 교실에서 수학은 문제를 기계적으로 풀게만 하지 문제 해결 과정을 다시 성찰해보는 시간을 충분하게 주지 않는다. 내가 어디서 틀렸는지, 왜 틀렸는지 피드백조차 받지 못하는 경우가 많다.

수학 공포증에 걸린 한 초등학생은 일기에 "수학은 일진이다. 1학년 때부터 지금까지 나를 괴롭히고 있다. 방학에도 주말에도 어김없이 우리 집에 와서 나를 괴롭힌다. 수학은 무서운 과목이다"라고 적었다.

수학은 지긋지긋한 과목이고 공공의 적이지만 내신 성적을 올리기 위해서, 더 좋은 대학을 가기 위해서는 어쩔 수 없이 붙들고 씨름해야 하는 극기 훈련의 대상이다. 아이들이 제일 싫어하는 과목 1위가 수학이다. 재미가 없어서 싫고, 싫어하다 보니 더 어렵고, 그러다 보면 어느 순간 몸서리치게 싫어져서 아예 쳐다보지도 않게 된다. 어느 순간 소위 '수포자', 즉 수학을 포기한 자가 되어 버리는 것이다.

김정한 고등과학원 계산과학부 교수는 "문제 유형과 공식을 외워 푸는 주입식 교육과 평가가 이뤄질 때 가장 힘들어지는 과목이 수학이다. 그래서 모든 과목 중 가장 먼저 수포자가 나올 수밖에 없다"고 분석했다. 이용훈 부산대 수학과 교수는 부부가 다

수학 교수인데도 "우리 애가 고등학교에 가더니 수학을 포기하더라"며 고개를 저었다.

수학은 재미없고 어렵기만 한가

그런데 정말 수학이 재미없고 어렵기만 한 과목일까? 절대 그렇지 않다. 수학이 재미없다는 것은 편견이다. 재미있게 배운 경험이 없기 때문에 만들어진 잘못된 인식이다.

결국 그동안의 공부 방법을 바꾸지 않고는 아이들의 수학 공포증을 해결해줄 수가 없다. 완전히 새로운 방식으로 수학을 즐겁게 배울 수 있는 방법을 제시해 주어야 한다.

KBS〈명견만리〉라는 프로그램에서 '미래를 여는 열쇠, 수학'이라는 제목으로 수학을 집중 조명한 적이 있다. 그 과정에서 수학을 두려워하고 수학을 왜 배워야 하는지 모르겠다고 하는 중학생 12명을 대상으로 12시간 동안 캠프를 실시했다.

'직각삼각형의 닮음을 증명하라'는 과제를 풀도록 하고 그 과정을 프로그램에 담았다. 선생님은 방향을 제시해 주는 조력자 역할만 했고, 팀원들이 토론과 대화를 통해 스스로 문제를 풀어야만 했다. 그리고 야외수업에서는 교실에서 배운 직삼각형의 원리를 통해 현 위치에서 멀리 보이는 건물의 높이를 구해보도록 했다. 처음에 아이들은 다들 막막해하며 우왕좌왕했지만 이내 실내에서 배운 수업을 통해 모두 문제를 맞혔다.

이 프로그램을 끝낸 후 실시한 설문조사에서는 수학에 대한 흥미가 52.61%에서 64.07%로 높아지고, 수학에 대한 불안감은 48.7%에서 37.24%로 줄어드는 결과가 나왔다. 단지 12시간 만에 다른 수업 방식을 통해 아이들이 완전히 달라진 것이다.

이 캠프는 아이들이 좀 더 쉽고 재미있게 수학을 접할 수 있는 수업 방식이 중요하다는 점을 일깨워 주었다. 또한 반복적인 문제풀이만 하는 지루한 수업이 아이들에게 어떤 영향을 주는지도 잘 설명해줬다. 그러나 안타깝게도 현실의 수업은 TV 프로그램과는 너무나 다르다.

KBS 〈명견만리〉에서 함께 소개된 '2015 수학, 과학 성취도 추이 변화 국제비교 연구(TIMSS)'가 그 문제를 극명하게 드러냈다. 조사는 국제교육 성취도 평가협회(IEA)가 주관하여 세계 49개국의 초등학교 4학년과 중학교 2학년을 대상으로 실시한 것이다.

여기서 한국 학생들은 성취도, 즉 수학 성적에서는 세계 3위를 기록한 반면, 수학에 대한 자신감 부분에서는 49위를 기록하는 충격적인 결과가 나왔다. 특히 초등학교 4학년생들보다 중학교

2학년생들이 더 수학에 대해 자신 없어 한 것으로 나타났다.

어찌됐든 그래도 수학 성취도가 세계 최고 수준이 아니냐고 위안 삼을 수 있을까? 좀 솔직해지자. 높은 수학 성취도는 전 세계에서 가장 많은 시간 동안 수학공부를 시키면서 아이들의 머리를 강제로 쥐어짠 결과가 아닌가. 학교 정규수업 외에 밤늦게 이어지는 학원 수업을 받으면서 엄청난 양의 문제풀이를 해대는 '양치기' 공부 덕택(?)이 아닐 수 없다. 세계 최장 시간 동안의 양치기 학습과 지루한 반복적인 문제풀이 학습 결과 수학 성취도는 높게 나오지만, 흥미도나 자신감은 조사 대상국 전체에서 최하위권이라는 참담한 결과를 만들어내고 있는 것이다.

서울의 한 초등학교 교사가 "6학년이 되면 한 반의 절반가량이 수학을 포기한다"며 수학 교육의 붕괴를 걱정한 적이 있다.

전국 초중고생 9천 명을 대상으로 한 설문조사에서는 초등학생의 37%, 중학생의 46%, 고등학생은 무려 60%가 스스로를 '수포자'라고 진단했다. 다들 '어려워서 나는 할 수가 없다'는 반응이었다.

수학은 원래부터 재미없고 따분한 과목이라는 편견을 만들어내는 잘못된 수학교육이 어느새 아이들을 사로잡아 수포자의 대열로 몰아가는 것이다.

기계적 사고력을 키우는 암기식 수학교육

한 언론사에서 초등학생들에게 '수학을 어려워하는 이유가 무엇인가'를 물었다. 주로 진도가 너무 빠르다, 외울 게 많다, 문제풀이가 지겹다고 응답했다.

이 답을 가만히 보면 기본 개념을 확실하게 다지지 못한 채 문제의 유형을 암기해 닥치는 대로 많이 풀어보는 우리의 수학 교육에 문제가 있다는 것을 알 수 있다.

수학에서는 기본 개념을 이해하고 흥미를 갖도록 하는 것이 무엇보다 중요하다. 아이들은 수학의 개념과 원리를 터득했을 때 '아하! 그렇게 되는 거구나'라는 탄성과 함께 수학 공부의 참맛과 재미를 느낀다. 개념과 원리를 정확하게 이해하는 순간 아이들은 '와우! 그런 거였군. 이거 재미있는데'라는 식의 지적 희열을 느끼고, 이러한 재미가 내적 동기가 되어 수학 공부에 더욱 재미있게 몰입하게 된다.

하지만 많은 아이들이 개념을 이해하지 못한 채 반복적인 문제풀이를 통해 풀이과정과 절차를 암기하는 방식으로 수학 공부를 한다. 개념과 원리를 정확하게 터득하지 못한 채 재미없고 지루한 문제풀이를 반복하고 있는 것이다.

우리의 수학 교육은 아이들에게 많은 양의 문제를 풀게 함으로써 그 반복 훈련을 통해 형성된 '알고리즘화된 사고'를 갖게 하는 경향이 매우 강하다. 수학은 본래 '생각하는 힘', 곧 사고력을 키우는 학문이다. 그러나 우리의 수학 교실에서는 생각하는 힘을 키우는 것이 아니라 반복적인 패턴 연습을 통해 '기계적인' 사고 능력을 키우고 있는 것이다.

반복되는 패턴에서 알고리즘을 추출하는 사고는 미래 사회가 요구하는 역량과는 반대되는 능력이다. 반복되는 패턴에서 규칙을 찾아 알고리즘화하는 사고는 바로 컴퓨터와 인공지능의 영역이다. 창의적으로 생각하는 힘을 키워야 할 수학교육이 반대로 기계에 의해 대체되는 사고 역량을 키우고 있는 것이다. 참으로 안타까운 일이 아닐 수 없다.

학교나 학원의 수학교실에서 하는 수학교육의 목표는 오로지 성적을 올리는 것이다. 그것도 빠른 시간 안에 성과를 내려 하기 때문에 차근차근 다지는 학습을 하기에는 시간이 부족하다. 풀이 과정이 왜 그렇게 되는지, 왜 오류가 생기는지, 다른 풀이방법은 없는지 등에 대해 스스로 생각하고 성찰할 시간을 주지 않는다. 문제해결에서 가장 중요한 것은 검토하고 반성하는 과정인데, 학생들은 엄청난 양의 문제풀이에 치여 스스로 검토하고 반성할 시간을 갖지 못하고 있는 것이다.

학생들이 수학을 포기하는 데는 가르치는 방법의 잘못도 크게 한몫하고 있다. 주입식 수학교실에서는 교사가 주도하여 개념 설명부터 문제 유형까지를 모두 설명해준다. 학생은 주로 수동적으로 듣고 보기만 하는 공부를 한다. 문제풀이도 주로 교사의 풀이 시연을 보면서 풀이 방법을 암기한다. 학생들을 수동적인 관람자로 만들어버려 스스로 생각하고 문제를 주도적으로 해결할 능력을 잃어버리게 하고 있는 것이다.

뇌과학 이론에 따르면 인간의 교감신경계가 활성화될 때는 스스로 머리를 쓸 때다. 즉, 학습자가 생각을 하면서 적극적으로 문제를 해결하기 위해 의식적으로 노력을 할 때 뇌가 최대한의 기능을 발휘하여 배움을 극대화하는 것이다.

그런데 수동적으로 교사의 설명을 듣기만 하는 주입식 교실에서는 학생들이 자기 생각을 할 틈이 없다. 일방적으로 쏟아져 들어오는 선생님의 설명을 놓치지 않고 필기하거나 머릿속에 집어넣느라 급급하여 왜, 어떻게 그렇게 되는지를 생각해 볼 시간이 없다. 교실 수업에서 아이들의 뇌가 최대로 활성화되어 뇌에서 배움이 극대화되는 방식이 아닌 것이다.

교실에서 수동적으로 입력만 받았던 학생들은 집에서 숙제를 하면서 스스로 문제를 풀어 볼 기회를 가지게 된다. 그러나 선생님의 수업을 들었을 때 다 이해한 것 같았던 수학 문제들을 직접 풀어보려고 하면 처음 보는 문제로 둔갑해 버린다. 눈과 귀로만 이해했던 것이 어느새 온데간데없이 사라져 버리기 때문이다.

막상 문제를 풀어 보려니 모르는 문제가 태반이다. 정답을 확인해볼 수도 없어 푼 문제가 맞았는지 틀렸는지 알 길도 없다. 더구나 교실에서는 기본 개념과 유형 문제를 설명 들었을 뿐인데, 숙제로 받은 문제는 몇 개의 문제를 빼고는 도통 풀 수 없는 응용 심화 문제가 대부분이다.

깊이 있게 생각하여 문제의 해결방법을 찾아내는 일은 생각해 볼 수조차 없다. 스스로 해결하기 힘든 문제만 점차 쌓여 가면서 개념에 구멍이 숭숭 뚫리기 시작한다. 계통으로 연계된 수학 교과의 특성상 학년이 올라갈수록 기초 개념의 구멍들 때문에 설명을 들어도 도대체 무슨 말인지 이해할 수가 없다. 갈수록 수학이 어렵고 지긋지긋한 과목이 된다.

더구나 학생들에게 떠넘겨지는 책임은 엄청나다. 숙제가 많은 소위 '빡센 학원'을 선호하는 학부모의 심리에 영합해 학원들은 경쟁적으로 숙제의 양을 늘린다.

잠자는 시간을 확보하려면 속도전이 중요하다. 문제를 보자마자 생각할 겨를도 없이 기계적으로 잽싸게 문제를 풀어대야만 숙제를 마칠 수 있다. 밤늦게까지 숙제를 끝내지 못하고 지쳐 쓰러진 아이들은 학원으로 이동하는 차 안에서 친구의 숙제를 베낀다. 지식의 전달로 수업이 끝나고 지식을 익히는 과정을 온전히 학생들에게 떠넘기고 있는, 반쪽짜리 수학 교육이 만들어내는 안타까운 현실이다.

《수포자는 어떻게 만들어지는가?》를 쓴 수학자이자 수학교사인 폴 록하트는 다채롭고 환상적 상상의 모험인 수학을 교사들이 고작 메마른 암기와 문제풀이법 따위로 쪼그라뜨려 놓았다고 매섭게 꾸짖는다. "수학 교사로서 해야 할 일은 '아무것도 하지 않는 것'이다"며 참담한 심정을 역설적으로 이야기한다. 그는 이렇게 교사가 아이들이 수학을 싫어하도록 '공식을 외워 문제의 정답 맞추기'만 하도록 닦달하거나 다그쳐서는 안 된다고 재차 강조하고 있다.

03
왜 **수학을 공부**해야 하는가

어느 수학학원 강사가 아이들에게 "왜 수학을 공부하는가?" 하고
물었다. 남들도 하니까, 입시에서 중요한 과목이니까, 엄마한테
혼나지 않으려고, 그냥 해야만 하니까, 지금 공부하지 않으면 나
중에 힘드니까, 이것이 학생들이 내놓는 대답이었다.

수학이 싫다는 아이들의 불만 섞인 목소리는 갈수록 커져만
간다. 도대체 수학 공부는 왜하는 거죠? 누가 수학을 만들었어
요? 이런 걸 대체 어디에다 써먹죠? 푸념 섞인 불만들만 표출될
뿐이다.

많은 학생들이 수학을 공부하는 이유는 단순하다. 수학이 미치

도록 싫지만 내신 성적과 입시에서 워낙 비중이 커서다. 좋은 대학을 가기 위해서는 고통스럽지만 억지로 수학과 씨름할 수밖에 없다. 내적 동기가 없이 강압적으로 하는 공부에서 재미와 몰입을 기대한다는 건 애당초 불가능한 일이다.

부산대 이용훈 교수는 "한국의 수학 평가는 계산과 속도가 핵심이다. 이건 엄밀히 말해 수학이 아니다"라고 말한다. 수학 교육은 왜 하는지, 그 교육 목표부터 다시 살펴봐야 할 때다.

수학은 왜 배우는가

수학은 인류 문명에서 늘 중요한 역할을 해왔고, 현대에서는 쓰임새가 더욱 넓어지고 있다. 수학은 '공부하는 방법에 대한 학문'으로 사고력, 문제 해결력 등 다른 학문을 하는 데서뿐만 아니라 삶에 필요한 기초 역량을 기르는 과목이다.

학교시험이나 수능을 무시할 순 없지만, 보다 근본적인 측면에서 수학의 중요성을 학생들에게 깨우쳐 줄 필요가 있다. 수학이 다른 학문을 공부하거나 일상적인 사회생활을 하는 데도 없어서는 안 될 매우 중요한 역할을 하고 있다는 것을 깨우쳐주어야 수학공부에 대한 내적 동기를 갖게 될 것이기 때문이다.

첫째, 수학의 실용적인 측면이다. 수학은 모든 학문의 근간이다. 과학이나 다른 학문을 배우는 데서 기초가 된다. 수학은 자연과 사회를 이해하는 논리적 언어이며 과학기술을 가능하게 하는 기본방법을 제공한다.

화음이론, 원근법, 천체물리학, 토목측량술, 통계학 등이 수학에서 직접적으로 비롯됐다. 각종 경제활동에서 이윤·이자·할부 등의 계산, 확률을 이용한 투자 등이 수학을 기반으로 이뤄진다. 범죄 수사, 디지털 증거 분석을 바탕으로 한 재판, 실사에 가까운 애니메이션 등에도 아주 중요한 역할을 하고 있다. 수학의 개념을 실생활에 응용해 이진법 회로로 동작하는 컴퓨터를 개발해 오늘날의 지식정보화 혁명이 시작됐다는 사실이야말로 수학의 실용적 힘을 가장 분명하게 보여 주고 있다.

다보스포럼이 2016년 발표한 미래고용보고서에 따르면 4차 산업혁명 시대에 새로 생길 약 200만 개의 직업 중 수학과 관련된 것이 41만 개에 달한다. 또 미래 유망 직종 톱10 중 무려 6개의 직업이 수학과 관련된 것이라고 발표했다. 수학이 일자리를 창출하는 미래가 도래하고 있는 것이다.

둘째, 수학의 이지적(理知的) 특성이다. 미국 수학교사평의회는 수학에 대해 '사물의 현상을 수학적으로 관찰하고 사고하는 능력과 태도를 기르게 하며, 문제를 합리적이고 논리적으로 해결하는 능력을 신장'시키는 학문이라고 규정하고 있다. 수학을 공부한다는 것은 사물과 세상의 객관적 이치를 수리적 관계라는 관점에서 이해하는 것이며, 현상을 체계적으로 분석할 수 있는 논리적 방법을 배우는 것이다.

세상을 살면서나 학문을 하면서 봉착하게 되는 문제들을 논리적이고 합리적인 절차와 방법에 의해 해결하는 힘도 결국 수학에서 나온다고 말할 수 있다. 한마디로 논리적 사고력과 합리적 문제해결력을 키우는 학문이 바로 수학인 것이다.

그리스의 철학자 플라톤은 수학에 대한 연구가 인간의 정신을 훈련하는 데 가장 좋은 방법이며, 그래서 철학자나 지도자가 되기 위해서는 무엇보다 수학을 반드시 공부해야 한다고 강조했다. 수학을 연구함으로써 얻는 논리적 사고력과 합리적 문제 해결력은 현실의 문제를 해결하는 데서도 무한한 힘을 발휘한다고 믿었던 것이다. 이런 믿음은 그의 아카데미 입구에 걸린 현판에서도 나타난다. '기하학을 모르는 자는 이곳에 들어오지 마시오.'

셋째, 수학은 민주주의 사회의 확립을 위해서도 필요한 학문이다. 수학은 결론보다는 연역적이고 합리적인 문제해결 과정을 중시한다. 수학에는 논리적인 사고능력과 합리적인 추론능력만이 통하지 폭력이나 억지가 개입될 여지가 전혀 없다. 이성적 합리적 사고방식을 존중하고 절차적 정당성이 중시되는 민주주의 사회의 정착을 위해서라도 수학의 중요성을 간과해선 안 된다.

수학은 대학을 가기 위해 잠깐, 억지로 공부해야 하는 것이 아니라 앞으로 미래 사회의 주역으로 살아가기 위해 반드시 익혀야 할 학문이다. 공부를 하는 이유를 알게 되면 학습 능률이 오르게 마련이다. 수학이라는 학문에 대해 정확하게 알려줘야 할 필요성이 여기에 있다.

수학 공부를 잘하려면 어떻게 해야 하나

누구든 수학 공부를 잘하고 싶어 한다. 어떤 문제가 주어지더라도 부담 없이 잘 풀고 싶고, 시험에서도 좋은 성적을 받고 싶어 한다. 학생들 사이에서는 다른 과목보다 수학을 잘하면 최고 부러움의 대상이 되고, 심지어 '수학박사'라고 불러주면 세상을 다 얻은 듯 행복하다. 이러니 수학은 제일 잘하고 싶다가도 안 되면 제일 먼저 포기하게 되는 과목이다.

수학을 잘하려면 어떻게 해야 할까? 수학을 잘하는 이유는 다양하다. 어느 순간 자신도 모르게 수학의 매력에 빠져 잘하게 되는 아이도 있고, 수학을 잘한다는 칭찬을 듣거나 어려운 문제를 풀었을 때 맛보게 된 성취감에 도전의식이 생겨 잘 해내는 아이도 있다. 각자의 상황이나 출발점은 다르겠지만 어쨌든 수학을 잘하는 아이들에겐 나름의 이유가 있는 것이다.

수학은 하루아침에 완성되는 과목이 아니다. 수학을 배우는 데는 시간이 걸리고 노력이 필요하다. 짧은 시간에 빠짝 시간을 투자하고 노력한다고 부쩍 실력이 느는 것도 아니다. 수학은 기초 개념이나 원리에 대한 이해가 탄탄한 상태에서 단계별 심화과정을 거쳐야 하는 과목이기 때문에 그렇다.

그런데 대부분의 아이들은 수학은 머리가 좋은 아이들이 잘한다고 믿는다. 소위 지능지수가 높은 아이들이 수학을 잘하고 이것은 거의 타고난다는 생각에 지레 수학을 포기해버리는 경우가 많다. 하지만 수학은 열심히 노력하면 누구나 잘할 수 있는 과목이다. 단지 열심히 하되 어떤 마음가짐과 자세로, 어떤 방식으로 공부하는지가 더욱 중요하다.

우리는 '마음먹기에 따라 인생이 바뀐다'는 말을 많이 한다. '수학이 어려워 나는 잘할 수 없다'는 식의 부정적인 생각을 갖고 있는 아이가 수학을 잘할 걸 기대할 수는 없다. 하지만 '수학 네가 이기나 내가 이기나 어디 한번 해보자'는 적극성과 긍정마인드로 달려드는 아이는 언젠가는 수학을 정복할 수 있게 된다.

'어떤 관점을 택하느냐'가 일생을 살아나가는 방식에 지대한 영향을 미친다. 공부를 하는 데서도 어떤 마음가짐을 가지느냐에 따라 그 성취 결과는 놀라울 정도로 달라진다.

인간의 능력은 변하지 않는다고 믿는 마음가짐이 '고정 마인드 세트'인데 반해, 현재 가진 능력은 단지 성장을 위한 출발점이며 노력이나 전략 또는 타인의 도움을 통해 변화하고 성장할 수 있다고 믿는 것이 '성장 마인트세트'다. 스탠퍼드대 심리학과 캐럴 드웩 교수는 교육, 비즈니스, 스포츠, 예술을 비롯한 모든 분야에서 성공을 결정짓는 '마인드 세트(마음가짐)'가 사람과 조직의 성장과 발전에 어떤 영향을 끼치며, 어떻게 하면 성장으로 연결되는 마인드 세트를 갖출 수 있는지를 연구했다. 그 결과 "지능이 변할 수 있다고 믿는 사람들은 지능은 날 때부터 고정되어 있다고 믿는 사람들보다 시간이 흐르면서 실제로 더 똑똑해진다"며 '성장 마인드세트'를 가진 사람이 성공할 확률이 높다는 결론을 얻었다.

캐롤 드웩 교수가 실제로 실험을 통해 입증해낸 것처럼 마인드세트는 정말 중요한 개념이고, 생각 하나로 공부도 인생도 바뀔 수 있다. 노력을 통해 계속해서 성장할 수 있다는 마인드를 가지면 우리의 삶을 성공으로 이끌 수 있다.

수학 교육계의 퀴리 부인이라 불리는 스탠퍼드대 수학 교육학과 조 볼러 교수는 최근 이러한 성장 마인드세트 이론을 수학 교육에 적용하였다.

그녀는 《스탠퍼드 수학공부법》이라는 저서를 통해 "수학은 창조적이고 아름다운 학문이다. 그런 수학을 싫어하지 않고 그 자체를 온전히 받아들일 수 있게 하려면 성장 마인드세트를 가져야 한다. 실수를 통해 왜 이런 오답이 나왔는지 함께 생각해보고 그것을 토론을 통해 답에 접근하는 방식으로 공부가 이어진다면 수학이 가장 재미있는 수업이 될 수 있다"며 수업이 즐거우면 교실에서 극적인 변화가 일어난다고 했다.

"아이가 자신에게 무한한 수학적 잠재력이 있다는 것을 깨닫게 하고, 수학을 잘하는 것은 능력의 차이가 아니라 노력의 차이라는 것을 인식시키는 것이 중요하다. 성장마인드 세트를 가지게 되면 아이는 도전을 즐기고, 그 결과 성취도가 높아진다"며 부모에게 아이의 성장 마인드세트를 길러줄 것을 조언하고 있다.

수학 성장 마인트세트는 수학 수업을 보다 깊이, 그리고 열심히 참여하게 만드는 힘이다. 수학을 잘하려면 내가 찾은 '수학의 의미'와 내가 느끼는 '수학의 재미'를 통해 스스로 동기를 부여하면서 수학에 대한 성장 마인드세트를 길러주는 것이 중요하다. 아이의 성장에는 분명한 이유와 목적이 있어야 동기가 부여되는데 '왜 자신이 공부해야 하는지'를 잘 모르는 아이들이 대부분이다. 동기 부여가 없는 공부는 지속하기 어렵다.

어떻게 수학공부에 대한 동기를 부여할 것인가. 성취감을 맛보는 것만큼 동기유발에 좋은 방법은 없다.

최근 독일 뮌헨대 심리학과 라인하르트 페크룬 교수가 이끄는 공동연구팀은 수학 성취도와 감정 사이에 상관관계가 있다는 연구 결과를 발표했다.

연구팀은 5학년에서 9학년 사이의 독일 학생 3천 425명을 대상으로 5년 동안 '감정의 변화가 수학 성취도에 어떤 영향'을 미치는지 조사했다. 실험에 참여한 학생들은 1년에 한 번씩 1년 동안 수학 공부를 하며 느꼈던 감정을 문항에 따라 즐거움, 자신감, 분노, 불안, 부끄러움, 지루함, 절망과 같이 7개로 구분한 다음 0~5점 사이를 주었다.

학업 성취도는 연말에 치르는 기말고사 점수로 평가했다. 그 결과 학생들의 지적 능력을 기준으로 지적 수준이 같을 때 수학에 자신감을 갖고 즐기는 사람이 더 나은 성취를 보였다.

수학이 재밌어지려면 사소하더라도 문제해결 과정에서 수시로 성취감을 느끼는 것이 중요하다. 수학 공부의 기본 원칙은 개념과 원리를 이해하는 것이다. 문제를 풀기 전에 개념이나 원리를 충분히 이해해야 한다. 특히 초등 수학은 전체 교육 과정에서 '이해'의 단계이기 때문에 제대로 개념을 다지지 않으면 문제 해결력도, 창의 사고력도 기를 수 없다.

개념을 알게 되면 수학이 점점 재미있어지고 문제집만 가지고 씨름할 때보다 훨씬 잘 풀린다. 개념을 확실하게 공부하고 문제를 풀게 되면 수학에 대한 자신감을 찾을 수 있다. 다른 친구들이 못 푸는 어려운 문제를 다른 사람의 도움 없이 풀어냈을 때도 성취감이 생긴다.

아이에게 모범 답안을 지속적으로 요구하면 아이는 '수학이 즐겁지 않아'라고 생각하기 시작한다. 수학 공부를 다그치면 거의 예외 없이 '결과를 앞세우는 수학 공부'에 집착한다. 이런 과정에서 아이는 스스로 문제를 해결할 때 생기는 즐거움을 맛보지 못한 채 오로지 정답만을 맞추는 공부 기계로 전락한다. 수학을 잘하게 하려면 점수가 아니라 노력하는 과정을 칭찬하여 도전하는 데서 지속적인 성취감을 느낄 수 있도록 해야 한다.

04
4차 산업혁명 시대 **수학 교육의 방향**

우리나라 학생들은 매회 PISA 평가에서 최상위권의 수학 점수를
획득한다. 그렇다면 진정으로 한국 학생들이 수학을 세계에서
제일 잘한다고 할 수 있을까?

보는 관점에 따라 다를 것이다. 정답을 찾아내는 관점에서 본
다면 수학을 잘한다고 할 수 있을지 모르겠지만, 사고력이나 창
의성의 관점에서 보면 한국 학생들은 수학을 잘 못하는 나라에
속한다고 해야 할 것이다.

세계에서 가장 많은 시간, 많은 돈을 들여 수학을 공부하고 있
는 학생들이 우리나라 아이들이다. 세계 최장의 지루한 공부 시

간과 엄청난 양의 문제를 반복적으로 풀어대는 한국식 수학교육에서 나온 성과이기 때문에 PISA 성적을 있는 그대로 인정할 수만은 없다. 더구나 수학에 대한 흥미도나 자신감은 세계 최저 수준이라니 두말할 것도 없다.

KBS 〈명견만리〉 취재진이 수학 강국인 프랑스의 한 고등학교 학생들에게 한국 고등학생의 시험문제를 풀게 했다. 점수는 놀랍게도 평균 30점이 나왔다.

프랑스 학생들은 왜 한국 고등학교의 시험 문제를 그 정도밖에 풀지 못한 것일까? 이것은 아마도 프랑스 학생들이 문제풀이보다는 수학의 본질에 대해 더 깊이 탐구하면서 그 역량이 더 강화되어 있기 때문일 것이다. 프랑스가 수학계의 노벨상이라 불리는 필즈상을 많이 받는 이유도 거기에 있다.

창의적 교육 '헝가리 현상'

1900년대 초에 헝가리에서 전 세계 교육학자들을 놀라게 만든 일이 일어났다. 1차 세계대전 전후로 약 20여 년 동안 헝가리 부다페스트에서 무려 18명의 천재적인 수학자와 과학자가 배출된 것이다. 이 중에서 노벨상 수상자가 7명, 프리노벨상이라 불리는 울프상 수상자가 2명이었다. 교육학자들은 이 일을 '헝가리 현상'이라 부르며 어떻게 이런 기적 같은 놀라운 성취가 가능했던 것인지 연구했다.

세계적 베스트셀러《몰입》의 저자 칙센트미하이 교수는 이 시기의 헝가리 교육은 '창의적이고 재미있는 교육'이었다고 말한다. 당시에는 헝가리 고등학생들 사이에서 수학의 붐을 일으킨 에트뵈스 수학 경시대회가 있었다.

오픈북 형식으로 치러진 이 시험은 수학 문제를 통해 얼마나 정답을 맞히는가가 아니라 문제풀이 과정이 얼마나 창의적인가를 기준으로 1등을 선발했다. 지식의 양이 아니라 사고의 깊이와 창의성을 평가하는 시험이었던 것이다. 폰 카르만, 하르, 리스 등 헝가리가 배출한 수학자, 과학자들은 바로 이 에트뵈스 대회 수상자들이었다.

깊이 있는 사고력과 창의성을 강조하는 경시대회 하나가 헝가리 수학교육의 큰 흐름을 바꿔놓은 것이다. 헝가리 현상을 연구한 서울대 황농문 교수는 "고도의 몰입을 요구하는 수학 문제를 풀면서 학생들은 깊고 날카롭게 생각하는 사고력을 발달시켰다"고 분석했다.

그런데 세계 최고의 수학, 과학 천재들을 배출했던 헝가리가 평균 이하의 교육 후진국으로 전락했다. 헝가리 태생인 칙센트 미하이 교수는 "2차 세계대전과 50년의 소련 지배로 헝가리 교육은 획일화됐고, 학생들은 학습이 '지루한 일'이란 인식을 갖게 됐다"며 거기서부터 헝가리가 추락하기 시작했다고 진단했다.

사회주의 체제에서 창의성은 억압되었고, 교육도 주입식 위주로 바꾸었다. 헝가리는 2015년 국제학업성취도시험(PISA) 점수가 OECD 평균 이하의 하위권 국가로 전락했다. 헝가리 현상은 창의성을 키우는 교육의 놀라운 성취와 반대로 창의성을 억압하는 획일적 주입식 교육의 폐혜를 극명하게 보여주는 역사적 선행 사례가 되었다.

창의성을 키우는 귀납적 질문수업

어떻게 하면 수학 수업을 하면서 수학적 지식을 깨우쳐주는 동시에 사고력과 창의성을 키우는 수업을 할 수 있을까? 교실 수업에서는 어떻게 가르치고 배우느냐에 따라 깊이 있는 사고력과 창의성을 키워줄 수도, 반대로 기계적인 단순 연산 능력이나 반복적인 문제풀이 능력만을 키워줄 수도 있다. 앞서 언급했던 헝가리 현상에서 우리가 배울 수 있는 값비싼 교훈이다.

우리나라 수학교육이 근본적으로 잘못되어 있는 것 중의 하나가 거의 모든 교실 수업에서 예외 없이 수학을 암기식으로 가르치고 있다는 점이다. 교사는 개념과 원리를 먼저 전달식 설명을 통해 아이들에게 이해시킨 후 문제풀이를 통해 개념을 응용하는 연습을 시키는 방식으로 수학을 가르친다. 전달식 강의를 통해 추상적인 일반 원리를 먼저 익히게 한 후 구체적인 문제에 그것을 적용하는 연역적 수업 방식이다.

연역적 수업에서 개념이나 원리는 이미 완성되어 있는 것으로 아이들에게 설명을 통해 주입시켜야만 하는 지식이다. 연역적 수업이 암기식이라고 말하는 이유다. 이런 수업 방식으로는 아이들에게 깊이 있는 사고력과 창의성을 키워줄 수 없다. 개념과 원리는 누군가 발견해놓은 진리다. 아이들은 그것에 대해 질문하거나 의문을 제기하거나 궁리하지 않는다. 그저 교사의 설명을 잘 듣고 이해한 후 머릿속에 정리해둬야 할 지식일 뿐이다.

이러한 연역적 수업에서는 학습한 내용에 대해 비판적으로 생각하고, 다른 제3의 대안적 설명이 있을지에 대해 동료 학생들과 토론해보고 스스로 깊이 있게 성찰하는 경험을 가지는 게 쉽지 않다. 비판적 사고나 창의성을 키울 수 없는 것이다.

이와 반대로 귀납적 질문수업이 있다. 개념과 원리를 아이들에게 먼저 설명을 통해 주입시키는 것이 아니라, 구체적인 문제를 질문 형식으로 먼저 제시하여 일반적인 원리와 개념을 추상화하고 발견하도록 이끌어주는 수업이다. 구체적인 문제 사례에서 추상적인 일반 원리를 추론해내는 귀납적 방식이다.

귀납적 수업은 구체적인 문제 속에서 그 안에 숨어 있는 원리와 개념을 학생 스스로 발견하거나 생각해내도록 하는 수업이기 때문에 창의성과 사고력을 키우는 데 매우 효과적이다. 아이들은 일반 원리와 개념을 탐구하고 발견하기 위해 다각도로 궁리하면서 생각하는 힘과 창의성을 키울 수 있다. 개념과 원리를 깊이 있는 탐구와 몰입적 사고를 통해 스스로 이해할 수 있도록 안내하는 수업이다.

아이들은 스스로 개념에 대한 이해를 이끌어낸 경우 유레카!를 외치며 발견의 희열을 만끽할 수 있다. 그것은 설명을 통해 교사가 알려준 게 아니라 어디까지나 내가 발견해낸 것이기 때문에 절대로 잊어버릴 수가 없다.

내가 완벽하게 발견해내지 못해도 좋다. 중요한 건 원리나 개념을 발견해내기 위해 몰입하여 생각해본 과정이고 경험이다. 문제를 풀지 못하더라도 그 문제에 대하여 5분 동안 궁리하는 과정 자체에서 사고력을 키우는 교육적 효과가 뚜렷하게 나타난다. 학생들이 다각도로 생각하면서 보낸 5분은 사고력 발달을 위해 결코 헛되이 보낸 시간이 아님을 알아야 한다. 사고력과 창의력은 문제의 답을 찾아야 발달하는 것이 아니다. 오히려 문제를 해결하기 위해 몰입해서 생각하는 과정 속에서 커지는 것이다.

예컨대, 초등학교 3학년 학생에게 삼각형의 면적을 가르친다고 생각해보자. 기존의 수업 방식은 삼각형은 사각형의 절반이므로 '삼각형의 면적은 밑변 곱하기 높이 나누기 2'라는 공식을 먼저 설명해주는 것이다. 그런 후에 학생들은 몇 가지 문제 사례를 통해 삼각형의 넓이를 구하는 연습을 반복하면서 삼각형의 면적을 구하는 방식을 익힌다. 반복적인 문제풀이 능력을 키우는 수업 방식이다. 삼각형의 면적을 구하는 지식을 습득하게 할수는 있지만 깊이 있는 사고력과 창의성을 키우는 수업 방식은 아닌 것이다.

질문식 수업이란 삼각형의 면적을 구하는 공식을 먼저 설명해주는 것이 아니라 학생들에게 발견할 문제로 제시해주는 것이다. 아이들은 이 문제를 해결하기 위해 머리를 써가면서 궁리하기 시작한다. 잘 해결하지 못한 아이들이 많을 경우에는 해법을 찾을 수 있는 단서를 제시해 줄 필요도 있다. "얘들아. 지난 시간에 우리가 사각형의 넓이를 배웠지? 사각형의 넓이 구하는 방법은 알고 있잖니. 사각형의 넓이를 이용해서 한번 구해볼까"라는 식으로 생각의 단서를 주면 아이들은 더욱 쉽게 문제를 해결해 낸다. 혼자 궁리해보게 한 후 얼마간 시간이 지나면 짝과 함께 자 신이 생각한 것을 서로 토론을 통해 비교해보게 하는 것도 좋다.

이러한 탐구 과정을 거친 후 삼각형의 면적을 구하는 공식을 설명해주면 아이들은 그 개념과 원리를 더욱 깊이 있게 이해하고 쉽게 잊어버리지도 않는다. 귀납적 질문수업은 질문과 탐구를 통해 사고력과 창의성을 키우면서도 수학적 지식을 확실하게 이해하게 하는 수업 방식인 것이다.

창의성은 기계에 뺏기지 않을 최후의 보루

미첼 레스닉 MIT 미디어랩 석좌교수는 창의성은 인간이 기계에 뺏기지 않을 최후의 보루라고 말한다. 기계가 반복적인 인지업 무와 규칙적인 패턴을 알고리즘으로 대체하는 4차 산업혁명의 시대에 창의성이야말로 우리 아이들이 필수적으로 갖춰야 할 결 정적 역량이 아닐 수 없다. 경제적 부를 주기도 하지만 인간이 인 간답게 살도록 하는데 필수적 요소로 그 자체가 삶에 기쁨과 의 미, 목적을 부여한다. 기계가 인간을 대신해 창조적인 일을 하는 시대는 먼 미래의 일이고, 그때도 사람들이 통찰력을 갖고 하는 일을 대신할 수는 없을 것이라고 미첼 레스닉 교수는 말한다.

창의성을 키우는 가장 좋은 방법은 아이들이 놀이하는 것처럼 즐거운 마음으로 동료들과 협력해 토론하고 학습에 열정을 가지고 몰입하도록 이끌어주는 것이다.

이를 위해서 무엇보다 우선 수업 방식을 바꿔야 한다. 지식을 가르치려고만 하기보다 아이들이 호기심을 갖고 질문하고 창의적으로 생각하게끔 돕는 촉매제 역할을 해야 한다. 아이들이 생각하고 도전하고 모험하고 탐구하는 능력, 한마디로 비판적 창의적으로 생각하는 힘을 키울 수 있는 교육이 절실한 상황이다.

한국 학생들은 짧은 시간 안에 많은 문제들을 풀어야 하기 때문에 평소에도 기계적인 문제풀이를 반복하면서 공부한다. 우리는 언제까지 이런 방식의 엉터리 수학 교육을 해야만 하는가? 지금처럼 주입식 교육을 통해 출제 유형을 암기하거나 기계적인 풀이를 반복하면 창의성은 사라지고 만다.

05
교육현장, 교실이 바뀌어야 한다

붕괴한 교실의 경고음이 울린 지 오래다. 수업에 흥미를 느끼지 못한 채 엎드려 자는 아이들의 수가 상상 이상으로 많다. 교실에서 자는 아이들을 깨우려면 어떻게 해야 하는가?

한 아이라도 배움에서 멀어지지 않게 하려면 교실을 바꿔야 한다. 교실은 학생과 교사가 함께 하며 활발한 상호작용이 일어나는 공간이다. 교사의 역할만 강조된다면 교실은 단순히 아이들을 가두는 곳이 되고 만다.

교육의 역할은 사회가 필요로 하는 인재를 길러내는 것이다. 미래사회가 필요로 하는 인재를 기르려면 4차 산업혁명 시대에 필요한 교육을 해야 한다. 그러면 4차 산업혁명 시대는 어떤 사회가 될 것인가.

'카이스트 미래전략 2019'에 의하면 인공지능과 공존 협력하게 될 미래사회에서는 다음 세 가지에 중점을 두게 될 것으로 예측했다. 첫째, 컴퓨터나 인터넷에 존재하는 지식을 이해하고 활용하는 '지식 활용력'이다. 지식을 암기해 머릿속에 넣는 것보다 기본 원리를 이해한 후 그것을 활용하는 능력이 중요하다는 것이다. 둘째, 다양한 사람들끼리 서로 소통하고 협력하여 문제를 복합적이고 융합적인 관점에서 해결해낼 수 있는 '협업능력'이다. 셋째, 문제를 만들 수 있는 '창의성'과 복잡한 문제를 해결할 수 있는 역량이다.

우리 아이들이 미래사회를 살아나갈 수 있는 능력을 키우는 교육이 행해지도록 패러다임이 빨리 바뀌어야 한다. 단순 지식이 아닌 생각하는 힘을 길러주는 교육이 이루어져야 한다. 인간의 창의성이라는 것은 인공지능의 로직을 뛰어넘는 역량이다. 그렇기 때문에 창의적 영역, 비판적 사고 능력을 길러주는 교육이 이루어져야 한다.

인간만이 '왜?'라는 질문을 할 수 있다. 또한 질문하고 깊이 생각하고, 고민하고, 토론하는 과정에서 해법을 찾아가는 일을 할 수 있다.

교육은 '생각할 줄 아는 사람을 키우는 것'이다. 그런데 우리 교육은 학생들의 생각을 반대로 죽인다. 우리 교육의 모토는 '시키면 시키는 대로 한다'이다. 스스로 의문을 갖고 답을 찾기 전에 답은 이미 정해져 있다. 아이들은 활력을 잃고 창의성을 잃는다. 비판하는 능력과 생각하는 힘도 잃는다.

그렇다면 교실에서 교사는 어떤 존재로 자리해야 하나. 이제 교사는 더는 단순한 지식 전달자가 되어서는 안 된다. 더욱이 미래 사회에서는 지식을 가장 잘 가르치면서 전달하는 역할은 인간 교사가 담당하지 않아도 될 때가 조만간 당도할 것이다. 단순히 자신이 갖고 있는 지식을 일방적으로 전달하기만 한다면 그러한 역할은 인공지능이 훨씬 더 잘하게 될 것이다. 이제는 티칭 역량을 넘어 학생들이 스스로 주도해서 학습을 하면서 배움을 열어가는 과정을 이끌어주는 코치, 멘토, 퍼실리테이터 역할을 수행해야만 한다.

"나는 항상 교사들에게 가르치지 말라고 한다. 가르치면 가르칠수록 아이들이 생각하고 질문할 기회가 사라진다. 어떻게 생각하니? 왜 그러니? 아이들의 생각을 궁금해하는 질문을 해야 한다." 교육공학자인 폴 김 스탠퍼드대 교수가 말하는 교사의 역할이다.

　대학 교육의 현장도 마찬가지다.

　"교수가 질문하고 스스로 답하는 강의는 최하급 강의, 교수가 질문하고 학생이 답하면 조금 발전한 강의, 학생이 한 질문에 교수가 답하면 바람직한 강의다. 최상급 강의는 학생이 한 질문에 다른 학생이 답하도록 유도하는 것이다."

　교수를 가르치는 교수로 유명한 숙명여대 조벽 석좌 교수의 말은 훌륭한 강의가 어떤 것인지를 잘 나타내주고 있다. 이제는 학생들을 강의실에 앉혀놓고 지식을 집어넣어 주는 교육은 더는 차별적 가치를 제공해줄 수 없다. 인터넷에 연결된 컴퓨터나 스마트폰만 있으면 세상에서 가장 훌륭한 교수들의 강의를 자유롭게 들을 수 있는 세상이기 때문이다.

　노벨상 수상자를 무려 29명이나 배출한 독일 최고의 명문대 훔볼트대학교를 다니다 서울대학교에 교환학생으로 온 요나스 키칭거는 서울대의 강의 방식에 대해 이렇게 비판했다.

　"서울대에서 수강한 철학과 수업 방식은 대부분 일방적인 강의였다. 암기하여 지식을 얻는 데 초점을 두려면 일방통행식 강의는 필요 없다. 그저 알고만 싶다면 책을 읽으면 된다."

　요나스 키칭거는 한국의 대학이 주입식, 암기식 교육보다 자기 생각을 표현하는 데 더 중점을 두고 수업을 하면 좋겠다고 한다.

학생을 교실의 주인공으로

그렇다면 생각이 커지고 배움이 있는 교실은 어떤 모습이어야 할까? 수업의 궁극적인 목적은 아이들이 배움을 얻는 것에 있다. 따라서 교실의 주인공은 교사도 아니고 교과서도 아니다. 바로 배우는 학생이다. 학생이 교실의 주인공이 되려면 공부의 주인으로서 당당히 나를 리드해 나가면서 실제로 배움을 얻는 공부를 해야 한다. 내 공부는 절대 남이 해줄 수 없다. 내 공부는 내가 즐겁게 해야 한다. 내 공부의 주인은 바로 '나'니까.

학생을 교실의 주인공으로 만들려면 교사 중심의 전달식 수업을 학생 중심의 참여수업으로 바꾸어야 한다. 교실에서 교사는 수업을 디자인하는 사람이다. 학생은 디자인된 환경에서 수업의 주인공이 되어 능동적으로 참여하고 실제 배움을 얻어야 한다. 4차 산업혁명의 롤 모델 국가인 북유럽 에스토니아를 좋은 표본으로 삼을 수 있다.

러시아에서 독립된 지 채 30년도 안 된 에스토니아는 인구 130만 명의 작은 나라로, 크기가 서울의 7분의 1 수준에 지나지 않는다. 에스토니아는 기존의 수업 방식을 깨고 처음부터 다시 그림을 그리듯 새로운 수업 모형을 디자인했다.

지난 2015년 PISA에서 2015 국제 학업성취도를 평가한 결과 10년 전만 해도 10위 순위권에도 없었던 에스토니아가 3위까지 진입해 국제적인 이목이 집중되었다. 각 국가별 성취도 특성 비교에서 에스토니아가 짧은 기간 동안에 높은 성취도를 달성할 수 있었던 데는 무엇보다 교육 방법의 혁신이 크게 작용했다는 점이 밝혀졌다. 일방적 주입식 교육이 진행되는 대부분의 동양 국가들에 반해 에스토니아는 서로 의견을 제시하며 문제를 풀다가 막히면 토론을 통해 해결방법을 스스로 찾아내는 수업 방식을 취하고 있었다. 에스토니아의 높은 학업성취도는 학생 참여 중심의 토론식 학습이 보여주는 결과물이었던 것이다.

전체 노벨상의 25%, 노벨 경제학상의 60% 정도를 유대인이 수상한다. 유대인의 이런 힘은 도대체 어디에서 나올까? 바로 어릴 때부터 하브루타로 키우는 그들의 독특한 창의성 교육의 힘이다.

탈무드는 이렇게 가르친다. "교사는 혼자만 알고 떠들어서는 안 된다. 만약 아이가 듣기만 한다면 가르치는 것이 아니라 앵무새를 키우는 것일 뿐이다."

교사가 이야기하면 학생은 거기에 대해 질문을 해야 한다. 그래서 유대인의 교육은 주로 토론식이다. 유대인 학교에서는 학생과 교사, 학생 상호 간에 끊임없이 묻고 답변하는 형식으로 수업이 진행된다.

"멍청한 선생은 말로만 떠들고 테스트만 한다. 훌륭한 선생은 설명할 줄 안다. 슈퍼 티처는 시범을 보여준다. 위대한 티처는 영감을 준다."

히브리대 강의실 풍경을 스케치한 말이다. 강의가 이어지는 도중에 학생들은 거침없이 질문을 던진다. 이들에게 교실은 예의를 갖춰 스승의 말을 들으며 점잖게 학문을 연마하는 곳이 아니다. 끊임없이 묻고 답하며 자신을 납득시켜가는 공간이다.

2002년 이화여대 교육대학원 연구 결과, 교실에서 듣기만 하고 질문을 하지 않으면 학업 성취도가 떨어지는 것으로 나타났다. 7주 동안 중학교 다른 학급에서 각각 일반적인 듣기수업과 질문수업을 진행한 후 17문항짜리 시험을 치렀더니, '질문수업'을 받은 학생들이 평균 2.8문항을 더 맞혔다.

당연해 보이는 사실이라고 하더라도 정말 그럴까, 왜 그렇지 하고 의심을 품기 시작하면서 진짜 공부가 시작된다. 질문하고 토론을 하게 하면 아이들은 드디어 생각을 열기 시작한다. 교사가 많이 가르치려고 더 많이 이야기할수록 학생들은 더 적게 질문하고 더 적게 생각한다. 아이들의 생각하는 힘을 키우려면 아이들이 더 많이 질문하고 더 많이 생각을 표현하는 수업을 해야 한다.

내 공부의 주인은 바로 나다

교육의 목적은 자립심을 기르기 위한 것이며, 아이가 홀로 일어설 수 있도록 돕기 위한 것이다. 진정한 교육이 이루어지려면 학생이 공부의 주체가 되어 능동적으로 공부할 수 있어야 한다.

능동적 학습이라 함은 학습 과정에서 그 무엇보다 학생의 참여를 강조하는 개념으로 수동적 학습과 대비되는 개념이다. 능동적 학습의 다른 이름은 자기주도 학습이다.

자기주도 학습은 교사가 주도하여 학습목표를 설정하고 수업을 설계하고 평가했던 방식을 완전히 바꾸어 학생 자신이 주도적으로 그러한 역할을 해나가는 수업 방식이다. 쉽게 말해서 스스로 공부하는 것이다.

능동적 학습을 하려면 자기주도 학습 능력이 요구되는데 이는 자신에게 필요한 정보와 지식을 선별하여 스스로 학습할 수 있는 능력과 어떤 과제가 주어졌을 때 스스로 해결하는 능력을 말한다. 스스로 자신의 학습 과정에서 주도적이 되어야 하고, 스스로 자신의 목표를 설정하고 계획하여 학습한 후 그 결과를 평가해야 한다. 자기주도 학습을 하면 학습 동기나 성취동기가 높기 때문에 학업 성취도가 높게 나타난다.

자기주도 학습능력을 복합적으로 기를 수 있는 대표적인 교육 방식이 바로 '말하는 공부'다. 기존의 주입식이 아닌 '말하는 공부' 방식으로 수업을 바꿔야만 비판적 사고력, 문제 해결력, 의사소통 능력, 의사 결정력 등을 기를 수 있기 때문이다.

06
세계의 교육 현장, **새바람**이 분다

"획일화된 교육 시스템은 지구상에서 사라질 것이다. 현재에도 구글이나 네이버를 활용하면 필요로 하는 대부분의 지식을 다 얻을 수 있으므로 지식은 일반화되고 장소와 시간도 초월할 것이다. 무서운 미래 앞에 서 있는 우리나라 대학이나 학교들은 과연 어떻게 생존할 것인가? 주입식 교육으로 달달 외운 것만 공부하는 식의 시스템으로는 미래가 없다."

《4차 산업혁명 앞으로 5년》의 저자 이경주가 2020년 5G 시대를 준비하라며 꼬집는 우리 교육의 현실이다.

기술변화는 엄청난 속도로 질주하고 있으며, 인류는 인공지능과 빅 데이터, 사물인터넷을 바탕으로 초지능, 초연결 사회로 진입하고 있다. 그야말로 문명사적 전환기와 맞물려 4차 산업혁명 시대에 부합하는 방향으로 교육 패러다임을 혁신해야 한다는 움직임이 전 세계적으로 빠르게 확산되고 있다.

하브루타, 하크니스, 세인트 존스

하브루타는 짝을 지어 질문, 대화, 토론, 논쟁하는 공부 방법이다. 세계적인 성공을 거머쥔 유대인들이 창의성과 사고력을 키우는 특별한 공부법으로 알려지면서 최근 우리나라에서도 관심이 집중되고 있다.

유대인들의 가정이나 학교, 회당에 가면 흔히 볼 수 있는 모습이 있다. 아버지와 아들, 또는 친구들끼리 둘씩 짝을 지어 책상을 마주하고 토론하고 논쟁하는 것이다. 그들은《성경》이나《탈무드》의 한 구절 한 구절을 깊이 있게 따지면서 토론과 논쟁을 한다. 학교에서 교사가 학생들에게 질문하면서 수업하는 것도, 학생들끼리 짝을 지어 서로 가르치면서 토론하는 것도 모두 하브루타이다.

하브루타에는 승자와 패자가 따로 없다. 서로가 같은 목적을 향해 가기 위해 두 명이 함께 협력하면서 토론하고 논쟁하는 공부다. 서로 배우고 가르치므로 학습 효과가 매우 높다.

하브루타 학습법의 핵심은 두 사람이 서로 질문하고 대화해 나가는 과정이다. 질문에 대한 답을 학습자가 주체적으로 짝과 함께 찾아 나가고, 자기 생각과 타인의 생각을 비판적으로 숙고하는 기회를 얻는다.

하브루타에서는 끊임없이 비판적, 창의적 생각을 추구한다. 《탈무드》 자체가 랍비와 현자들이 토론하고 논쟁했던 내용을 수록해놓은 기록집인데, 유대인들은 하브루타를 하면서 그런 대가들의 견해에 대해서도 비판적으로 검토하는 질문을 거침없이 던진다. 지금까지 관습적으로 존재해왔던 것, 당연하게 생각하는 것까지도 다시 뒤집어 비판적으로 검토하는 것이다.

하브루타는 수천 년 동안 이어온 유대인들의 전통적인 교육법이지만, 기계에 의해 대체되지 않는 창의성 및 비판적 사고가 더욱 중요해지고 있는 시대적 환경과 맞물리면서 그것이 가진 교육적 가치가 최근 새롭게 조명되고 있다고 할 수 있다.

하버드가 최고의 명문고로 선정한 '필립스 엑시터 아카데미'는 페이스북 창립자 마크 저커버그, 노벨 화학상 수상자 윌리엄 스타인, 미국 14대 대통령 프랭클린 피어스, 41대 대통령 아버지

조지 부시와 43대 대통령 아들 조지 W. 부시 등 세계를 움직이는 많은 인재들을 배출한 전통 있는 학교다.

졸업생의 30%가 아이비리그에 진학하는 필립스 아카데미에는 특별한 비밀이 있다. 바로 '하크니스'라 불리는 토론 수업이다. 새로운 교육 방식의 선두 주자인 필립스 아카데미는 미국 학교로서는 처음으로 토론 수업 방식을 도입하였다. 이 학교에서는 모든 교과목을 토론식으로 진행하는 것으로 유명하다.

이 학교의 토론식 수업은 일명 하크니스 테이블이라고 불리는 타원형 원탁에서 이루어진다. 교사와 12명의 학생들이 둘러앉아 토론 수업을 하는 이 타원형 원탁에서는 모든 사람의 질문과 의견, 아이디어가 모두 동등하다.

이 학교에서는 숙제가 대부분 예습이라는 점이 특징이다. 예습을 통해 기본 지식과 관련 배경지식을 습득한 후 교실에서는 토론을 통해 지식을 심화시키고 날카로운 비판적 사유능력을 함양하는 데 주력한다.

필립스 아카데미의 토론식 수업은 미국식 토론 수업의 대명사로 불릴 만큼 보편화하였다. 또한 세계 여러 나라에서 이 학교의 수업 방식을 도입하면서 하크니스 테이블은 토론식 수업의 상징이 되었다.

미국 최고의 대학교육 평가 전문가인 로런포포는 미국에서 가장 지성적인 대학으로 하버드, 스탠퍼드, 예일이 아닌, 미국에서 세 번째로 오래된 세인트 존스 대학을 뽑았다. 〈뉴욕 타임스〉는 '미국 최고의 학사 과정'으로, 프린스턴 리뷰는 '최고 토론 수업 1위'로 세인트 존스를 선정했다.

천재를 더 천재로 만드는 곳이 아닌 범재를 천재로 만드는 세인트 존스만의 비밀은 무엇일까? 그것은 철저한 학생 중심 참여 수업 방식에 있다. 세인트 존스에는 강의와 교수가 없다. 전공과목도 없고, 시험도 안 보고, 강의실에서 강의를 하지 않는 이상한 대학이다. 이들은 특별한 전공 없이 졸업하지만 법, 금융, 예술, 과학 등 다양한 분야로 진출하고 있다.

세인트 존스에는 강의하는 교수가 없는 대신 튜터가 있다. 튜터의 가장 중요한 역할은 학생들로부터 양질의 토론을 이끌어내는 것이다. 이 학교의 튜터들은 학생 개개인을 관찰하고 비판하며 충고하는 역할을 한다. 그 과정을 통해 학생들은 자기 자신에 대해 스스로 깨닫고, 본인에게 맞는 공부 과정을 찾아내고, 결국엔 스스로 배움을 얻으면서 성장한다.

이 대학에서는 4년 내내 인문학 고전 100권을 읽고 토론한다. 철학부터 수학, 과학, 역사에 이르기까지 다양한 고전을 읽고 토론하는 것이 커리큘럼의 전부다. 세인트 존스는 교육의 근본 목적을 지식의 단순한 습득에 두지 않고 비판적 창의적 사고의 훈련에 두고 있는 것이다.

미래 학교의 패러다임이 바뀌다

4차 산업혁명 시대에는 학교도 달라져야 한다. 그렇다면 미래의 학교와 수업 방식은 어떤 모습일까? 기존의 전통식을 파괴적으로 혁신하는 교육 방식과 미래형 학교들이 세계 곳곳에서 다양한 형태로 운영되고 있다. 시대의 변화를 주도하기 위한 다양한 교육 혁신이 세계 곳곳에서 시도되고 있다고 하겠다.

2012년부터 미국에서 본격화된 무크(MOOC Massive Open Online Course)는 플립러닝을 세계적으로 확산시키는 역할을 톡톡히 해내고 있다. 무크는 '대규모 온라인 공개 강의'의 약자로 수강자 수의 제한이 없는 대규모 강의(Massive)에, 별도의 강의료 없이(Open) 인터넷(Online)으로 제공되는 교육과정(Course)을 말한다.

전 세계 유수의 대학 강의를 무료로 수강할 수 있는 무크는 하버드, MIT, 스탠포드, 동경대 등 전 세계 최고의 대학들이 참여하고 있다.

무크는 온라인 글로벌 교육시장의 플랫폼을 구축해 세계적인 석학들의 강좌를 소셜네트워크 서비스(SNS)를 통해 질의응답, 과제, 토론 등 양방향(interactive) 학습으로 제공하고 있다. 무크가 가능해진 데에는 알고리즘의 발달과 빅데이터가 뒷받침되었다. 이전에는 인터넷으로 강의를 제공하는 데에 그쳤다면, 무크 서비스에서는 사용자들의 데이터를 기반으로 정답을 체크하거나 동료를 평가하는 것도 가능해졌다.

최근 대표적 무크 서비스인 '코세라(Coursera)' 수강생이 800만 명을 넘어설 만큼 그 변화는 가히 혁명적이라 할 수 있다. 실제 대학에서 이루어지는 강의, 토론, 평가와 수료까지를 누구나 인터넷을 통해 싼값에 혹은 무료로 누릴 수 있는 완전히 새로운 교육 방식이다.

무크의 탄생으로 전 세계 그 누구라도 언제든, 어디서든, 하버드나 스탠포드 등 내가 원하는 실제 대학 교수의 강좌를 자유롭게 들을 수 있는 시대가 되었다. 이에 더해 무크 수료증이나 그 강좌를 개설한 대학 또는 교수의 서명이 담긴 수료증을 받을 수도 있다. 입학 시험도 없고, 자격 조건도 없고, 연령 제한도 없다.

인터넷을 통한 또 하나의 교육혁명이 칸아카데미(Khan Academy)라 할 수 있다. 칸아카데미는 2006년 살만 칸이 만든 비영리 교육 서비스이다. 칸아카데미는 무료 온라인 강의를 들을 수 있는 교육 서비스로 전 세계 모든 학생들에게 양질의 무상 교육을 제공하는 것을 목표로 삼고 있다.

초중고교 수준의 수학, 화학, 물리학부터 컴퓨터공학, 금융, 역사, 예술까지 4000여 개의 동영상 강의를 제공하고 있으며, 이는 미국 내 2만여 개 학급에서 교육 자료로 쓰이고 있다. 2012년 방문자는 4300만여 명으로 65%가 미국, 나머지 35%는 전 세계 210여 개국에서 접속했다. 학생의 개인 사정에 따라 언제 어디서 배울지 결정할 수 있다.

칸아카데미는 디지털 교육혁명의 시대에 교육이 어떤 방향으로 변화할지를 가늠할 수 있는 표준을 만들어내고 있다. 무크가 주로 대학생과 성인 교육생을 대상으로 만들어진 것인 반면 칸아카데미는 주로 초중고 학생을 대상으로 하고 있다는 점에서 차이가 있지만, 칸아카데미 또한 교육을 누구나 쉽게 공짜로 이용할 수 있는 공유재로 만들고 있다는 점에서 무크와 본질적으로 다를 게 없다고 하겠다.

미국의 칸랩스쿨(KHAN LAB School)은 학년 구분 없이 '무학년제'로 운영되는 미래형 학교 모델이다. 칸랩스쿨은 칸아카데미의 설립자 살만 칸이 2014년 실리콘밸리 마운틴뷰에 설립한 학교다. 칸아카데미 본사의 1층에 칸아카데미의 철학을 바탕으로 운영 중이다.

살만 칸이 칸랩스쿨을 설립한 목표는 19세기 이후 전통적인 교육 모델인 '프러시안 공장' 방식의 교육법을 타파하는 것이다. 프러시안 공장 모델은 마치 공장에서 제품을 찍어내듯이 정해진 수업시간과 과목으로 표준화된 교육이 집단적으로 이뤄지는 것을 말한다.

칸랩스쿨의 가장 큰 특징은 '사람은 각자 배우는 속도가 다르다'는 모토 아래, 학교가 개개인의 능력에 맞게 가르쳐야 한다는 교육철학을 현장에 적용해 '개별 맞춤형' 수업을 한다는 점이다.

칸랩스쿨은 창의성과 혁신적 도전정신을 지닌 인재를 키우는 것을 목적으로, 성적만이 아니라 세세한 분야까지 개인의 발달을 평가하여 발전시킨다. 칸랩스쿨의 교실은 구분이 크게 있지 않고, 학교 자체가 메이커스 공간이자 협력학습의 공간으로 이루어져 있어 학생 스스로가 묻고 해결책을 찾아가는 프로젝트 기반의 '학생 중심 참여수업'이 이루어진다.

스티브잡스 스쿨(Steve Jobs school)은 새로운 교육방식을 통해 자유로운 사고능력과 다양한 기능을 가진 융합인재를 키우는 미래 교육 시스템이다. 2012년 모리스 드 혼드는 어린 딸이 1980년대에 학교를 다닌 큰 아들이 받았던 것과 같은 방식으로 교육을 받아야 한다는 사실에 자극을 받아 네덜란드 암스테르담에 스티브잡스 스쿨을 설립했다.

스티브잡스 스쿨은 공책도 책도 칠판도 없이 아이패드로만 수업하는 새로운 개념의 미래 학교다. 초등학교부터 중3까지 아이들이 다니지만 나이별로 교실이 나누어져 있지 않다. 듣고 싶은 과목을 고르면 12살과 8살이 같은 수업을 들을 수도 있다.

학생들은 스티브잡스 학교가 자체 개발한 '스쿨타스' 앱으로 수업을 진행한다. 학생들은 앱을 가지고 언제 어디서든 과제를 받을 수 있고 학습도 할 수 있다. 스쿨타스 앱은 게임, 증강현실, 영상통화 등 기본적 기능과 합쳐져 있어서 아이들은 마치 놀이를 즐기듯 학습을 한다.

스티브잡스 스쿨은 더는 단순히 지식을 가르치는 곳이 아닌 '다르게 생각하는 법'을 배우는 곳, 4차 산업혁명 시대에 생존하고 번성할 수 있는 '역량'을 키워주는 곳이다. 스티브잡스 스쿨은 개별 맞춤형 학습 도입 1년 만에 학생들의 수학과 읽기 능력이 눈에 띄게 향상되었다. 학생의 적성과 수준에 맞는 개인별 맞춤형 교육을 제공한 결과다.

교육이 전통적인 형태와 방식에서 탈피하여 다양한 모습으로 새롭게 나타나고 있다. 4차 산업혁명과 디지털 교육혁명이라는 세기적 변화에 맞춰 새로운 학교와 교육 방식이 기존의 프러시아 교육 모델을 파괴적으로 혁신하면서 교육에 일대 혁명을 불러일으키고 있는 것이라 하겠다.

07
플립러닝, 미래의 교육을 준비하라

이스라엘의 창의교육 전문가 헤츠키 아리엘리 글로벌 엑설런스 (Global Excellence) 회장은 "지난 20년 동안 수많은 한국 교사, 교수, 공무원을 만났는데 모두가 '교육을 바꿔야 한다'고만 외칠 뿐 변한 게 하나도 없다. 이제 학교부터 실질적인 변화가 시작돼야 한다"고 말하면서 한국 교육계에 따끔한 충고를 던진 바 있다.

누구나 입만 열면 교육 개혁을 말하지만, 정작 교실 수업에서 바뀐 건 아무 것도 없는 우리나라 교육의 적나라한 현실을 정확하게 꼬집는 이야기가 아닐 수 없다.

여전히 변화는 미미하지만, 최근 우리나라 교육계에도 의미 있는 변화의 움직임들이 일어나고 있다. 사회가 급속하게 4차 산업 혁명의 격랑 속에 빨려 들어가고 있는 시대적 변화에 발맞춰 이제 더는 전통적 주입식 교육을 지속해선 안 된다는 교육적 성찰을 기반으로 교실 수업을 혁신하려는 움직임이 가시화되고 있는 것이다.

기존의 수업 모델을 거꾸로 뒤집은 플립러닝(Flipped Learning)이 바로 그것이다.

플립러닝, 4차 산업혁명 시대의 교육 혁신

우리나라 교육 현장에 가장 큰 변화의 바람을 일으키고 있는 것은 플립러닝이다. 거꾸로교실(Flipped Classroom)이라고도 불리는 플립러닝은 기존의 전통적 교육의 근본 틀을 거꾸로 뒤집는 수업 모델을 말한다.

지금까지의 전통적인 교육은 교실에서 교사가 티칭을 통해 지식을 아이들의 머릿속에 주입시키고, 아이들은 집에서 문제풀이를 하면서 복습하는 형태였다. 플립러닝은 이것을 반대로 뒤집는 방식이다. 학습자가 동영상 강의를 통해 기본 지식을 사전에 예습한 후 교실에서는 문제풀이와 토론 수업을 통해 지식을 응

용하고 심화시키는 학습 활동에 주력하는 수업 방식이다. 요컨
대, 교사의 '티칭'이 주가 되는 전통적인 주입식 수업에서 학습자
의 '배움'이 주가 되는 학생 중심의 교수학습 패러다임으로 전환
된 수업이 플립러닝이라고 할 수 있다.

플립러닝은 교실 수업에서 지식 습득과 함께 21C 핵심역량을
키울 수 있는 혁신적 수업이라는 측면에서 특히 4차 산업혁명 시
대를 대비할 수 있는 미래 교육모델로 주목받고 있다.

인공지능과 로봇이 반복적 인지능력을 대체하고 있는 시대적
전환기와 맞물리면서 기존의 전통적 지식 전달 중심의 교육으로
는 새로운 시대를 살아갈 인재를 기를 수 없다는 교육적 성찰이
확산되고 있다. 창의성과 협업 능력이 뛰어난 인재를 키우기 위
해서는 학생 참여 중심의 토론과 협력수업이 필요한데, 플립러
닝이 바로 이러한 시대적 요구에 부응하는 교수학습 방식이라는
성격을 지니고 있는 것이다.

플립러닝은 특히 지식의 전수 매체가 책을 기반으로 하는 아
날로그 방식에서 디지털 콘텐츠를 기반으로 하는 유비쿼터스 방
식으로 바뀌는 문명사적 전환기를 기반으로 더욱 빠르게 확산되
고 있다.

최고 석학들의 강의가 유튜브나 무크와 같은 플랫폼에 공유재

로 탑재되면서 언제 어디서나 누구든 지식을 손쉽게 접할 수 있는 기술적 환경의 변화가 나타났다. 지식은 강의를 통해 전달해야 한다는 전통적 교수학습법의 근본이 무너진 것이다.

이러한 시대적 기술적 환경 변화에 발맞춰, 지식 강의는 무크나 온라인 학습 플랫폼을 활용하여 미리 듣고, 교실에서는 토론을 통해 지식을 활용하고 창안할 수 있는 비판적 사고와 창의성을 키우자는 것이 플립러닝의 핵심적인 교육 철학이다. 플립러닝이 4차 산업혁명 시대의 핵심역량을 키우는 대안적 교육 모델로 부상하고 있는 이유다.

카이스트의 플립러닝, 에듀케이션 3.0

플립러닝은 국내에서는 대학들에서 먼저 도입되기 시작했다. 2012년 카이스트와 유니스트를 시작으로 서울대·연세대·고려대 등 주요 대학들이 플립러닝을 주입식 교육에 대한 대안적 수업모델로 적극 도입하고 있다.

플립러닝을 도입한 이유에 대해 신창호 고려대 교육학과 교수는 "기존 수업으로는 창의력과 협업능력을 높이기 어렵다. 변화의 물결이 일고 있는 지금 시대에 과거의 교육 방식이 적합한지

고민해야 한다"고 말했다.

몇 해 전, 카이스트 1학년 학생들이 자발적으로 설문조사를 했다. "지난 학기에 공부할 때 가장 도움이 되었던 것이 무엇인가?"라는 질문에 '교수 강의'가 4번째를 차지했다. 복수응답을 허용한 이 설문에서 응답율은 겨우 10% 밖에 안 되었다. 가르치는 교수들은 인정하고 싶지 않겠지만, 결국 강의 위주의 교수법은 실제 학습효과가 없다는 사실이 학생들을 대상으로 한 설문조사를 통해 입증된 사례라고 할 수 있다.

카이스트는 새로운 교육의 혁신 방향을 플립러닝으로 정했다. 강의는 온라인으로 집에서 듣고 수업 시간에는 토론과 발표를 통해 깊이 있게 생각하는 힘을 키우고 학생들의 참여와 상호작용을 극대화하여 팀웍을 잘 하도록 하자는 것이다.

이것은 디지털 교육혁명이라 불리는 온라인 공개강좌인 무크와 서로 보완관계에 있다. 구태여 강의실에서 교수가 직접 강의를 하지 않아도 지식의 전달은 무크를 통해 이뤄질 수 있는 시대다. 이제 강의실에서는 지식만을 전달하지 않고 토론과 협력을 통해 창의력과 사고력, 협업 능력을 키우는 수업을 할 수 있다. 카이스트는 강의하는 교수들에게 '강의가 교육을 죽인다. 그러니 강의실에서 강의하지 말라'고 주문했다.

강의는 교수가 올려놓은 온라인 강좌로 미리 공부하고, 수업 시간에는 토론이나 대화 또는 퀴즈 등 다양한 방식으로 학생 참여 수업을 하는 플립러닝 방식이 미래 대학 교육이 나아가야 할 방향이라고 확정했다. 카이스트는 이같은 혁신적인 수업 방법을 '에듀케이션 3.0'이라 부른다.

카이스트는 에듀케이션 3.0을 강력하게 추진하고 있다. 카이스트는 전체 강의의 30%인 800개 강의를 이런 식으로 바꾸려고 한다. 강의 위주에서 탈피하면 팀워크, 커뮤니케이션, 리더십 등이 더욱 효과적으로 길러질 것으로 기대하고 있다. 카이스트는 세계적 추세와는 상관없이 에듀케이션 3.0을 창안하여 시작했지만, 결과적으로 세계적 교육혁신의 방향과 너무나 잘 맞아떨어졌다.

'생명화학공학 해석' 수업이 진행 중인 강의실은 학생들의 목소리로 가득 찼다. 온 벽이 칠판으로 둘러싸인 교실에서 다섯 명의 조교가 각각 자신의 조에 속한 7~8명의 학생과 편미분방정식 응용법에 대해 토론하고 있다. '이곳이 강의실이 맞나' 싶을 정도로 활기가 넘친다. 가르치는 사람과 배우는 사람이 누구인지 구분하기 어려울 정도다. 수강생들은 궁금한 점을 조교나 교수에게 망설임 없이 묻고, 칠판 앞에 나가 자기만의 풀이법을 제시하기도 한다. 졸거나 스마트폰을 보는 학생은 찾아볼 수 없다.

강의 평가에서 '에듀케이션 3.0 수업을 다시 듣겠느냐'는 질문에 긍정적으로 대답한 학생이 전체 응답자의 70%를 넘었다. 에듀케이션 3.0 수업을 수강한 산업디자인학과 2학년 강동원은 "온라인 강의는 언제든 들을 수 있어 시간을 효율적으로 활용할 수 있고, 모르는 부분을 돌려 볼 수 있기에 기본기를 단단히 할 수 있다. 수업 중 친구들과 끊임없이 소통하므로 인간관계에서도 배우는 점이 많다"고 했다.

에듀케이션 3.0 수업을 운용 중인 생명화학공학과 이도창 교수는 "강의식 수업을 할 때는 학기 말에 가까울수록 학업 내용이 어려워 포기하는 학생이 많았다. 지금과 같이 수업 방식을 바꾸고 나서 교수와 조교, 학생 간 밀착도가 높아져 학습 효율이 좋아졌다"고 평가했다.

카이스트의 이태억 교수는 이 움직임을 주도하게 된 이유를 다음과 같이 설명한다. "오랫동안 강의식 교육을 받거나 또는 강의를 해오면서 느꼈던 문제점에 대해서 용감하게 덤벼들어 실천했기 때문이다. 카이스트 모델이 빠르게 스며든 것은 단순명료하고 이해하기 쉬운 지침을 만들었던 점을 꼽을 수 있다. 그것은 바로 '강의를 하지 말라'는 것이다."

유투엠, 대한민국 최초의 플립러닝

플립러닝은 국내 명문대학에서만 도입해 시도하고 있는 것은 아니다. 국내에서는 가장 앞서 최초로 올림피아드교육이 기존 주입식 교육을 혁신하려는 연구 기획 과정에서 플립러닝 교수학습모델을 창안하여 수학 교육에 접목하기 시작했다.

2010년부터 올림피아드교육은 200여 년을 넘게 세계 교육계를 지배해왔던 전통적 수업 방식을 혁신하는 연구 작업에 착수하여 기존 수업모델을 거꾸로 뒤집는 수학교육 프로그램을 만들었다. 올바른 수학교육을 구현해보고자 하는 확고한 교육적 신념 하에 수많은 연구 인력을 투입하여 2년간의 끈질긴 연구 개발 끝에 탄생한 것이 바로 '말하는 수학' 유투엠이다.

프로그램을 완성하고 나서 1년간의 교실수업 적용을 통해 새로운 수업 모델의 가능성을 실제 현장에서 눈으로 확인한 후인 2012년 12월, 올림피아드교육은 유투엠 1호점을 강북지역에 오픈하면서 대한민국 최초로 플립러닝 수학교육을 시작하였다.

유투엠의 플립러닝은 '말하는 수학의 교육혁명'이라는 브랜드 슬로건을 내세웠다. 기존의 주입식 암기식 수학교육의 폐해를 혁신하자는 교육 철학을 바탕으로 유투엠은 학부모들과 학원 운영자들의 비상한 관심을 끌기 시작했다. 수학적 지식의 습득도 놓치게 하지 않으면서 동시에 '말하기'를 중심으로 진행되는 학생 중심의 참여수업을 통해 창의력과 사고력을 키울 수 있는 혁신적인 대안적 교육 모델로 주목받기 시작한 것이다.

유투엠은 지난 8년간 플립러닝을 기반으로 수업을 진행해왔고 여러 일간지와 방송매체를 통해 '거꾸로 교실' 학습법으로 소개되기도 했다. 무엇보다 학생들의 수학에 대한 정의적 태도를 긍정적으로 바꿔놓았고, 성적 향상 및 눈에 띄는 학습효과가 확연하게 나타나면서 기존 주입식 수학교육을 대체할 수 있는 미래형 수학교육 모델로 인정받고 있다.

플립러닝이 확산되면서 2015년 〈조선일보〉 선정 교육기업 대상 '플립러닝' 부문에서 최초 수상한 후 2019년까지 5년 연속 수상하는 성과를 내기도 했다.

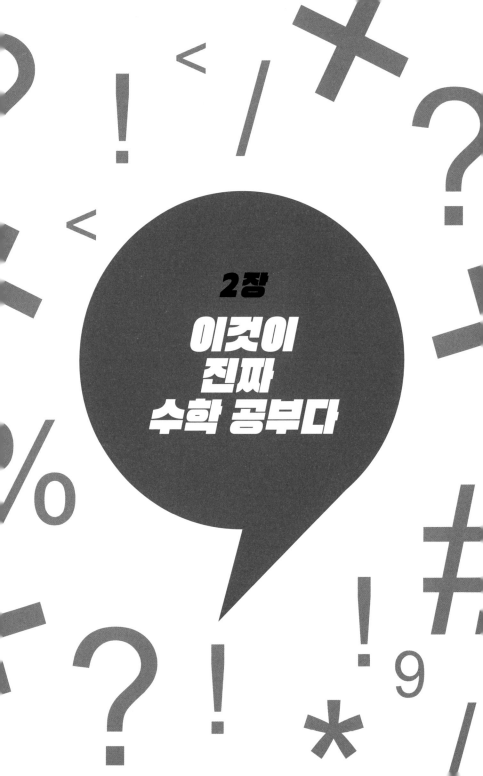

2장

이것이
진짜
수학 공부다

01
수학 교육의 혁명을 꿈꾸다

세계에서 가장 많은 시간을 수학 공부에 사용하면서도 수학을 포기하는 아이들이 쏟아지는 것은 교실에서 수학을 잘못 가르치고 있기 때문이다. 기존의 주입식 수학교육 방식에 문제의 근본적인 원인이 있다고 생각했다.

올림피아드교육은 2010년부터 그동안 한국 교육계에 지배적이었던 주입식 수학교육 방식을 원점에서 재검토하기 시작했다. 유투엠의 교육 시스템 개발은 몇 가지 질문에 대한 답을 찾는 과정에서 시작됐다.

왜 교실에서는 수학의 기본 지식만을 일방적으로 전달받고, 어려운 응용·심화 문제는 집에서 혼자 숙제하면서 끙끙대야만 할까? 왜 수업 시간에는 주입식 강의를 일방적으로 가만히 듣기만 해야 할까? 왜 수학은 생각하는 힘을 키우는 과목이라고 하면서 실제 교실에서는 질문을 봉쇄하고 생각하는 힘을 죽이는 수업을 해야만 할까? 왜 그 많은 시간 동안 수학공부를 하지만 결국 고교생이 되면 수포자가 되는 걸까? 교실 수업에서 아이들의 뇌가 가장 잘 배우는 수업 방식은 과연 무엇인가?

이러한 질문에 답하기 위해 올림피아드교육은 오랜 현장경험과 연구기획 역량을 갖춘 연구원들로 혁신팀을 꾸려 기존의 수학교육 방식과 수업진행 방식의 효용성을 전면적으로 재검토하기 시작한 것이다.

우리는 기존의 수학교육 방법론과 교수학습 이론들, 그리고 최근 인지과학의 연구 성과들을 집중적으로 파고들었다. 고민과 연구가 거듭될수록 부분적인 수술로는 개선이 불가능하다는 의견이 모아졌다. 수포자를 양산하는 수학교육을 혁신하기 위해서는 기존 교수학습법의 근본적인 혁명이 필요하다.

주입식은 아이들의 뇌가 잘 활성화되는 배움의 방식이 아니다. 수학을 포기하는 것은 결코 아이들의 탓이 아니다. 그것은 단연코 잘못된 수학교육 방식 탓이다. 잘못된 수학교육 방법론을 근본적으로 혁신하지 않고서는 문제를 근원적으로 해결할 수 없다. 오랜 연구와 고민 끝에 기존의 주입식 수학교육을 전면적으로 혁신해야 한다고 결론지었다.

"기존의 전통적인 수학교육 방식은 틀렸다. 그것은 변화하는 시대에 맞지 않다. 아이들에게 수동성을 강요하고 스스로 생각하는 힘을 키워주지 않는 주입식 수학교육은 이제 끝낼 때가 되었다. 아이들에게 수학 공부의 재미를 빼앗음으로써 수포자를 양산하는 침묵의 수업 방식을 이제는 정말 중단해야 한다. 아이들의 뇌가 가장 잘 배우는 방식으로 수업 방식을 바꿔야 한다. 교사 중심의 주입식 수업 방식을 학생 중심의 참여수업 방식으로 뒤집어야 한다."

이것이 오랜 시간 고민한 끝에 우리가 내린 결론이었다. 침묵만을 강요하면서 아이들의 뇌를 잠들게 만드는 주입식 수학교육을 우리 손으로 바꿔보자는데 생각이 일치했다.

200년 넘게 교실 수업을 지배해왔던 구시대의 교육모델을 이제 끝내자! 학생이 배움의 중심이 되는 참여수업을 구현하여 아이들에게 수학 공부의 재미를 되돌려주자! 제대로 된 수학교육을 실천하고자 하는 우리의 의지는 결연했다.

토론수업의 전제, 예습에서 찾다

그렇다면 주입식 수학교육을 어떻게 뒤집을 것인가? 해법은 의외로 단순하고 분명했다. 학생참여 중심의 토론식 수업모델을 관찰하는 데서 문제해결의 열쇠를 찾을 수 있었다.

세계적 토론의 달인들을 키워내는 것으로 유명한 하버드대의 토론수업에서는 수업 전에 상당한 분량의 학습자료가 사전 학습으로 제공된다. 수업의 주제와 관련된 학습자료를 공부해온 학생들은 치열하게 토론하고 논쟁하면서 자신의 생각을 설득력 있게 표현하는 의사소통 능력과 사물을 비판적으로 조망하는 눈을 예리하게 연마한다.

옥스퍼드대학의 전통적인 튜토리얼(Tutorial)에서도 지도교수는 한 주간 공부할 책의 리스트와 논문 주제를 과제로 내준다. 학생들은 엄청난 양의 학습자료를 소화하여 자신의 생각을 정리한 에세이를 제출한 후 최고 석학과 1:1 토론을 하면서 자신의 생각을 표현하고 비판하는 훈련을 거듭한다.

미국 최고의 양대 사립학교인 토마스 제퍼슨 고등학교와 필립스 엑시터 아카데미 또한 토론식 수업으로 유명하다. 두 학교 모두 숙제는 예습이다. 예습을 통해 그날 배우는 주제와 내용을 미리 공부해온 학생들은 거침없이 자신의 생각을 쏟아낸다.

세계적으로 유명한 최고의 교육기관은 모두 토론과 말하기를 통해 생각을 꺼내는 교육을 하고 있고, 모든 토론 수업에는 공통적으로 예습이 필수화되어 있다. 우리는 다양한 토론수업의 진행방법을 검토하면서 학생참여 중심의 새로운 수업모델을 구현하기 위해서는 먼저 예습을 내실화하고 시스템화해야 한다는 결론을 내렸다.

교사의 일방적인 강의로 꽉 찬 교실에서는 아이들의 참여를 허용할 틈이 없다. 진도를 맞추기에도 빡빡하다. 아이들이 능동적으로 참여하여 자신의 생각을 표현하고 토론하는 수업을 하려면 시간적 여백이 필요하다. 이를 위해서는 일방적으로 지식을 전달하는 강의시간을 줄여야 한다.

그러기 위해서는 예습이 반드시 필요하다. 즉 아이들이 예습을 통해 사전지식을 가지고 교실에 들어와야 한다.

예습이 필요 없는 수업은 어떤 수업인가? 주입식 강의실에서다. 우리나라 교실 수업에 예습이 없는 이유다. 교과서에 있는 지식을 처음부터 끝까지 교사가 모두 설명해주는데 무슨 예습이 필요하겠는가.

반대로 예습이 필요한 수업은 생각을 꺼내 말하고 토론하는 수업이다. 교과 내용을 사전에 습득하지 않으면 입을 열어 자신의 생각을 말할 수 없다. 기본적인 지식조차 모르고서는 토론과정에 참여하여 자기 생각을 표현할 수 없지 않겠는가. 모든 토론식 수업에는 반드시 예습이 필요하다.

들는 공부를 말하는 공부로, 주입식 수업을 학생참여 수업으로 거꾸로 뒤집는 작업의 출발은 의외로 가까운 데 있었다. 토론수업의 전제, 그것은 바로 예습이었다. 등잔 밑이 어둡다고 했던가! 주입식 교육방식을 끝낼 수 있는 비결은 예습을 내실화하는 데 있었다.

주입식 교육의 기본 틀을 뒤집다

그동안 학생 중심 교육이론이 다양하게 제안되고 시도되어 왔지만, 왜 실제 교실에서는 이러한 시도가 번번이 실패했을까? 물론 오랫동안 지속돼 온 강의 중심의 교실문화나 단순 지식에 대한 선다형 평가제도 등 여러 가지 요인이 복합적으로 작용한 것이 사실이다.

그러나 우리는 수업진행의 구조적인 문제에 근본적인 원인이 있다고 생각했다. 교사가 학생 중심 수업의 중요성을 인지하고 이를 실제 교실 현장에서 구현하려 해도, 한정된 시간 내에 교과 지식에 대한 습득과 이해를 넘어 지식을 응용하고 생각을 토론하는 단계까지 나아가는 것이 사실상 힘든 수업구조였다.

교과 내용을 온전히 이해하고 습득하는 것을 충실하게 진행하다 보면 학습자의 참여와 활동에 필요한 물리적 시간을 배정할 수 없다. 또한 학생 중심의 수업을 진행하다 보면 기본적인 지식의 습득과 이해가 충실하게 이뤄지지 않아 수업 자체가 제대로 이뤄질 수 없는 어려움이 있다. 다양하게 학생 중심 수업을 진행해보려 하지만, 정작 아이들은 해당 단원에서 기본적으로 알아야 할 기초지식조차 이해하지 못한 채 의미 없는 형식적 활동으로 시간을 낭비할 수밖에 없다.

그렇다면 기본 지식을 놓치게 해서는 안 되기 때문에 학생 중심 참여수업을 포기하더라도 강의를 통해 기본 지식만은 꼭 전달해줘야 한다고 생각했던 건 아닐까? 많은 교사들이 학생 중심 수업을 실제 교실수업에서 구현하지 못하고 결국 주입식 수업 방식으로 되돌아갈 수밖에 없었던 이유라고 생각했다.

결국 문제해결의 핵심은 예습에 있다고 생각했다. 학생들이 교실에 들어오기 전에 기본 지식을 예습을 통해 익히면 가능하지 않을까? 수업 전에 학생들이 그날 배울 핵심 내용을 먼저 익힌 후 교실에 들어오면 교과 지식을 놓치게 하지 않으면서도 학생 중심 참여수업을 의도한대로 진행할 수 있을 게 아닌가. 학생 중심의 능동적 참여수업을 구현하기 위해서는 결국 기존 주입식 수업모델의 기본 구조를 뜯어고쳐야 한다.

결론은 명백했다. 수업의 기본 구조를 전면적으로 뒤집어야 한다! 구시대 수업모델의 기본 틀을 깨트리지 않고는 방법이 없다.

구시대 수업모델은 교실에서 강의를 듣고, 집에서 숙제를 하는 시스템이다. 숙제는 언제나 복습이다. 예습이 없는 교실수업은 교사의 설명과 지식의 주입으로 채워졌다.

학생은 교사가 쏟아내는 강의를 딴짓하지 말고 들어야만 한다. 교사는 말하고 학생은 듣기만 하는 수업 구조다. 언제나 침묵이 요구되고, 아이들은 침묵 속에서 몰려오는 졸음과 싸워야만 한다.

"교실에서 강의를 듣고 집에서 숙제를 하는 전통적인 수업의 틀을 깨트리자! 그러기 위해서는 예습을 수업의 본질적인 구성요소로 시스템화해야 한다! 아이들이 예습을 통해 교과 지식을 알게 한 후, 수업에서는 아이들의 뇌가 제대로 배움을 얻을 수 있도록 능동적으로 참여하는 수업을 해보자! 교실에서 교사 혼자만 떠드는 수업이 아니라 아이들이 지식을 응용하고 생각을 말하도록 수업을 뒤집자!"

주입식 수학교육을 탈피하기 위해 오랜 연구 끝에 내린 우리의 결론이었다.

교실에서 강의(Teaching)를 통해 수학의 개념과 원리를 전달받은 후 집에서 숙제를 하면서 배움(Learning)이 이뤄졌던 기존의 수업모델을 뒤집어보자는 데 의견이 모아졌다.

전달식 강의내용을 예습으로 빼낸 후, 정규 수업 시간에는 개념이 다양한 유형문제에 어떻게 적용되고 확장되는 것인가를 중심으로 학생 중심의 참여수업을 구현해보자는 결론에 도달했다.

구시대 수업모델을 혁신하는 작업은 기존 수업의 구조를 뒤집는 데서 시작해야 한다! 우리가 내린 결론이었다.

02
학습을 **뇌과학**으로 시스템화하다

예습은 온라인을 활용하면 해결할 수 있다고 생각했다. 온라인을 통해 기본적인 개념을 예습하게 하면 교실에서는 학생 중심 참여수업을 전면화할 수 있을 거라는 결론에 따라 새로운 수업모델을 원점에서 다시 구성했다.

새로운 수업모델의 성공 여부는 '아이들이 예습을 얼마나 충실하게 수행하는가'에 달렸다. 한두 명이라도 예습을 충실하게 해오지 않는다면 새로운 수업 방식은 의도한 대로 진행될 수 없을 것이다.

이를 위해서는 예습을 아이들의 자발성에 맡겨둬서는 안 되고 치밀하게 설계된 방식으로 프로그램을 구성하여 예습의 학습효과를 배가시키는 것이 관건이라고 보았다. 기존의 오프라인에서 진행하는 교사의 강의에 못지않게, 아니 오히려 온라인 강의의 개념학습 효과가 훨씬 더 높아야 새로운 모델이 성공할 수 있을 것이다.

이를 위해서는 온라인과 오프라인을 통합한 새로운 수업모델이 필요했다. 예습으로 진행하는 디딤학습 시간에 학생들이 온전하게 학습에 몰입하고 자기주도적으로 학습을 진행할 수 있는 온라인 학습프로그램을 새롭게 설계하여 개발하기로 했다.

온라인 학습프로그램은 예습 시간뿐만 아니라 모든 수업 시간에 오프라인과 통합되어 학생들의 학습 이해도를 실시간 분석하고, 이를 기반으로 개별맞춤식으로 피드백을 제공하는 플랫폼 역할을 해야 한다.

교실 수업과 온라인이 통합되는 온-오프 블렌디드 러닝(On-off Blended Learning) 시스템의 구축은 필수적이다. '말하기' 중심의 학생참여 수업과 함께 미래 수학교육의 또 다른 한 가지 축은 '개별맞춤식 교육'이어야만 한다고 생각했기 때문이다. 교실 수업에 통합된 지능형 온라인 학습프로그램은 학생 개개인별 학습 결과를 진단하여 각자에게 필요한 처방 피드백을 줄 수 있다.

프로그램의 기획 방향을 확정하자마자 바로 초중고 학년별로 7단계에 이르는 수준별 교재의 방대한 개념을 디지털 영상으로 만드는 작업에 착수했다. 개념 강의뿐만 아니라 교재에 수록된 모든 문항에 대한 해설 강의와 틀린 문제에 대한 유사 유형의 문항들까지 개발하기로 결정했다.

개념 전달력이 뛰어난 온라인 강사와 문항 해설 강의를 맡은 강사들, 엄청난 수의 문항 개발을 맡은 수학전공의 전문 연구자들로 수학교육연구소 인력을 보강하고 상당한 자금을 투입했다. 주입식 교육을 혁신하고자 하는 우리의 강력한 의지와 신념이 있었기에 가능한 일이었다.

뇌과학의 학습원리를 녹이다

학습 프로그램의 설계에는 무엇보다 '어떻게 하면 아이들의 뇌가 더 잘 배울 수 있을까'에 집중했다.

학습 과정을 기획하고 개발할 때 학습과학이나 뇌과학, 인지심리학 등에서 검증된 과학적인 학습원리를 적용해야 한다는 것은 우리의 확고한 원칙이었다. 학습효과를 높이기 위해 '뇌가 가장 잘 배우는 방식'을 밝혀낸 신경과학의 과학적인 연구 성과를 설계 과정에 적용해야만 했다.

특히 자기주도적으로 진행하는 예습 과정은 아이들의 집중력을 붙잡아두는 특별한 장치가 필요하다고 생각했다. 아이들의 집중력이 지속되는 시간을 생각하여 한 모듈의 강의는 5분을 넘지 않도록 '짤강'으로 구성해야 한다는 데 의견이 일치했다. 예습의 성패는 '어떻게 하면 아이들의 주의집중을 끌어낼 것인가'에 달렸다고 보았기 때문이다.

예습으로 진행하는 온라인 개념학습은 기본적으로 시각과 청각을 동원하여 입력하는 공부라는 점을 고려하여 아이들의 집중력이 분산되지 않게 설계하는 것이 중요하다. 감각을 통해 입력되는 정보는 주의 집중하는 것만 해마의 작업기억으로 넘어온다는 뇌과학의 원리를 예습과정의 설계에 적용하였다.

개념을 짤강으로 모듈화하더라도 한 모듈의 개념을 듣고 난 후 연이어 또 다른 개념을 듣게 해서는 아이들의 집중력을 잡아둘 수 없을 것이라고 보았다. 학습자의 주의력을 고정시키기 위해서는 또 다른 추가 장치가 필요했다. 한 모듈의 개념강의를 들은 후 학습자가 다시 그 개념을 인출해내 문제에 적용해보도록 개념을 묻는 주관식 문제를 한두 문제씩 배치했다.

질문에 올바로 답변하기 위해서는 먼저 개념학습에 집중할 수밖에 없을 것이라는 점을 고려했다. 문제풀이가 틀리면 개념을 온전하게 이해한 것이 아니라는 것을 알아챈다. 학생 스스로 메타인지를 발동하여 자신의 이해상태를 정확하게 모니터링하는 장치로도 생각했다.

제대로 답하지 못한 문제는 다시 한 번 방금 들었던 개념을 머릿속에서 인출해내 올바른 답을 찾아내야 한다. 두 번 연달아 실패한 학습자는 개념영상을 자기가 이해하지 못한 지점으로 다시 되돌려 볼 수도 있게 했다.

이러한 방식으로 5개 내외의 개념영상 모듈을 학습한 뒤에는 그 시간에 들었던 개념을 다시 요약하여 코넬식 개념노트에 정리한다. 개념을 이해했다는 것은 학습자가 머릿속에서 핵심내용을 구조화하여 인출해낼 수 있어야 한다.

개념을 안 보고 인출해낼 수 있기 위해서는 학습자가 예습 과정 내내 주의를 집중해야만 한다. 개념노트에 개념의 핵심내용을 정리하여 아웃풋 하는 과정에서 학습자의 머릿속에서 뉴런의 연결을 강화하여 학습내용을 장기기억화 시키자는 목적도 프로그램을 설계하는 데 중요하게 고려했다.

학습 과정을 뇌과학적 관점에서 시스템화하고 설계한 것은 이후 새로운 학습 프로그램이 성공하는 데 매우 중요한 역할을 했다. 새로운 수업모델로 파일럿 수업을 진행한 아이들 다수가 한 결같이 '수업이 재미있고 이해가 잘 된다'는 반응을 보였다. 인지 과학이나 뇌과학의 학습 원리를 학습 프로그램에 녹여야 한다는 생각이 적중했다는 것을 보여주는 대목이다.

충실한 예습을 이끌어내기 위해 예습을 가정에서 하는 숙제로 주지 않고 학원 내에서 해결하도록 프로그램을 구성했다. 처음 에 집에서 숙제로 하도록 해보았더니 아예 숙제를 하지 않거나 대충 공부한 흉내만 낸 채 '빈 머리'로 등원하는 학생들이 반에 한두 명씩 나타났다. 이래서는 프로그램이 성공할 수 없다.

그래서 궁여지책으로 학원 내에 '스마트 룸'이라는 이름으로 예습할 수 있는 공간을 따로 만들었다. 아이들이 학원에서 공부 하는 시간이 50분 한 타임 늘었지만, 관리교사의 코칭을 받을 수 있고 모르는 부분은 질문을 통해 해결할 수 있어서 더 좋아했다.

'말하는 수학'으로 뒤집힌 수학교실

예습으로 전달식 강의가 빠져나간 본 수업 시간에는 개념이 응용되고 심화된 문제들을 중심으로 보다 깊이 있는 학습이 이뤄 질 수 있도록 수업을 설계했다. 구시대 모델에서는 강의실에서 배우고 나서 집에서 익힘의 과정이 진행되었다면, 새로운 수업 모델에서는 문제풀이 시간을 충분히 확보하여 학습한 개념의 응용과 전이를 교실 안에서 온전하게 익힐 수 있게 한 것이다.

강의와 진도 맞추기 수업 대신 문제풀이와 익힘 학습으로 학습자 각자의 이해상태를 확인하고 맞춤식으로 피드백을 주는 시간을 확보할 수 있다. 이것은 그날 학습한 내용을 완전하게 이해하게 할 수 있는 시스템으로, 새로운 모델이 가진 최고의 장점이 될 것이라고 보았다.

모든 아이들이 학습내용을 완전하게 이해하여 단원에서 목표로 하는 학습목표를 달성하도록 학생별 피드백과 코칭을 제공할 수 있다는 것은 교수학습 이론상으로 존재했던 '완전학습이론'을 실제 교실 수업에 구현할 수 있는 방법이라고 생각했다.

2, 3교시 본 수업을 설계하는 데도 '어떻게 하면 아이들의 뇌가 가장 잘 배울 수 있을까?'라는 프로그램 개발의 근본 철학을 여전히 가장 중요하게 고려했다.

'말하는 수학'을 전면화하기로 한 데는 무엇보다 학습효과를 우선적으로 생각하자는 의견이 크게 작용했다. 학습한 지식과 정보를 기억에서 꺼내 말로 설명할 때 인간의 뇌는 그 지식과 정보를 더욱 깊이 있게 이해하고 오랫동안 기억한다는 인지과학의 연구 결과를 우선적으로 적용한 것이다.

구시대 교육모델은 사실 뇌과학이나 인지과학이 제대로 태동하기도 전에 만들어진 수업모델이다. 새로운 수학교육 모델은 뇌와 학습에 대한 최신의 과학적인 연구 성과를 담아내야 한다는 생각은 너무나 당연한 것이었다.

2년간의 집중적인 연구와 개발 끝에 2011년 말, 드디어 우리가 새롭게 기획한 학습프로그램이 완성되었다.

새로운 수학학습 프로그램을 완성품으로 세상에 내놓기 전, 프로그램의 완성도를 더욱 높이기 위해서는 현장의 교실 수업에 실제로 적용해보는 과정이 필요했다. 무엇보다 새로운 수업모델에 대한 아이들의 반응과 학습효과를 실제로 검증해보고 싶은 마음이 가장 컸다. 중1, 2학년 학생들을 대상으로 수업을 실험적으로 진행할 반을 별도로 구성하였다.

실험반에서 진행한 새로운 모델의 수업은 구시대의 수학교육과는 결이 완전히 달랐다. 일방적 강의와 전달이 수업 밖으로 빠져 나가자 '말하기'를 중심으로 한 학생 참여수업과 충분한 문제풀이를 통한 '연습과 익힘'이 그 자리를 대신했다. 교실에서 수동적인 티칭을 받고 집에서 숙제를 하면서 배움을 채워 넣어야 했던 구시대의 불완전학습 모델이 완전히 뒤집혔다.

강의와 전달이 줄어든 자리에 질문과 토론, 참여와 협력이 채워졌다. 듣는 공부가 아니라 말하는 공부, 입력학습이 아니라 출력학습, 집어넣는 공부가 아니라 꺼내는 공부, 혼자 하는 공부가 아니라 함께 하는 공부로 교실 수업의 풍경이 전면적으로 바뀌게 된 것이다. 드디어 수업을 완전히 거꾸로 뒤집은 것이다.

겨울방학부터 실험 수업을 시작했던 반 아이들의 성적이 당장 1학기 중간고사에서 기대 이상으로 높게 향상되었다. 단순히 성적뿐만 아니라 무엇보다 수학을 대하는 정의적 태도에서 크게 변화가 나타나기 시작했다.

실험 수업에 참여했던 교사들로부터 대부분의 참가 학생들이 과거와는 비할 데 없이 수학 수업을 재미있어하고 학습 과정에 몰입하는 모습을 보이고 있다는 보고가 연이어 올라왔다. 분기별로 실시한 학생 대상 설문조사에서도 대부분의 아이들이 수학 공부가 '예전보다 재미있다', '공부에 집중이 잘 된다', '수학이 쉽게 이해된다'는 반응을 보였다.

우리가 생각했던 것들이 실제 임상실험(?)에서 성공한 것을 눈으로 직접 확인할 수 있었다. '바로 이거야!'라는 확신이 들었다. 주입식 수학교육을 뒤집기 위한 우리의 오랜 신념과 노력이 결실을 맺는 순간이었다.

우와, 결국 우리가 해냈다! 200년 전통의 주입식 교육 모델이 드디어 우리 손에 의해 무너졌다. 비록 우리는 사교육에 종사하고 있지만, 교육학 역사에 기록될만한 굉장한 일을 해낸 것이라고 자부했다.

어쩌면 경직된 관료주의적 사고의 사슬에서 벗어나 마음껏 창조적 도전 정신을 펼칠 수 있는 사교육이니까 오히려 가능했던 일이 아니었을까?

03
유투엠, 드디어 탄생하다

2년간에 거쳐 진행된 연구 개발과 1년간의 현장 실험을 거친 후 2012년 12월, 드디어 새로운 수학교육 모델이 '유투엠'이라는 이름으로 세상에 나왔다. 서울 강북지역에 '말하는 수학의 교육혁명'이라는 슬로건을 내걸고 유투엠 직영캠퍼스 1호점이 문을 열었다.

주입식 수학교육을 중단하고 학생참여 중심의 '말하는 수학'으로 교육 방식을 혁신하자는 유투엠의 핵심 철학은 순식간에 지역 학부모들의 공감과 호응을 얻었다. 지루한 전달식 강의를 예습으로 빼낸 교실에서는 학생 중심의 참여수업이 진행됐다.

교실에서 '조용히 해'란 말이 사라졌다. 강의와 전달로 꽉 차 있던 교실에서 주입식 강의가 사라지자 아이들이 입을 열어 생각을 말하고 소통하는 여지가 생겼다. 침묵이 지배했던 교실이 '말하는 수학' 교실로 뒤집힌 것이다. 예습을 통해 개념을 익히고 들어온 아이들은 적극적으로 질문하고, 답변하며, 친구들과 토론하고 협력하는 수업에 익숙해져 갔다.

침묵 속에서 수동적으로 집어넣기만 하던 아이들이 자기 생각을 말하기 시작하면서 수업에 임하는 태도가 확연히 달라졌다.

무엇보다 아이들의 수업태도가 능동적으로 변했다. 예습으로 기본 개념을 익힌 아이들은 본 수업에서 연습문제풀이와 말하기 학습을 통해 보다 완전하게 학습내용을 익힐 수 있게 되었다. 활발하게 질문이 오가는 과정에서 아이들은 더 깊이 개념을 이해하고 사고를 확장하는 수업에 익숙해졌다. 새로운 수업모델에서 더욱 깊이 있는 심화학습을 하면서도 학습내용을 완전하게 이해하고, 수학 공부에 재미와 흥미를 보이는 것이 분명했다.

무엇보다 200여 년 동안 교육계를 지배해왔던 프러시아 교육모델을 수학 수업 방식에서 거꾸로 뒤집었다는 데 유투엠이 갖는 교육사적 의의가 있다고 확신했다.

학생들이 적극적으로 수업에 참여하여 주도적으로 배움을 얻는 학생 중심 참여 수업이 이론으로서가 아니라 수학교육의 현장에서 실제로 구현되었다. 주입식 수학교육의 오랜 질곡으로부터 새로운 창의적인 수학교육 모델이 탄생한 순간이었다.

결과는 적중했다. 성적향상 효과는 오히려 부수적인 것이었다. 무엇보다 '수학이 재미있다'는 아이들의 반응이 쏟아져 나왔다. '대한민국의 수학교육을 올바르게 혁신하여 수학이 즐거운 아이들, 수학이 재미있는 세상을 만들자!'는 우리의 오랜 미션이 빛을 발하는 순간이었다.

수학 공부에 재미있게 몰입하는 아이들이 늘어가는 모습을 보면서 학생뿐 아니라 교사들 역시 놀랍다는 반응이 나왔다. '수학이 재미있는 세상을 만들자'는 유투엠의 교육적 신념에 공감하는 학부모들의 호응에 힘입어 유투엠은 현재 서울지역에서 10개의 직영캠퍼스를 운영하고 있고, 전국적으로 120호 캠퍼스 개점을 눈앞에 두고 있다.

플립러닝 학습법의 선두 주자

새로운 수학교육 모델을 처음 개발하여 세상에 내놓을 때까지만 해도 유투엠은 그저 유투엠이라는 이름으로 불릴 뿐이었다. 그러나 비슷한 방식의 수업모델이 미국에서 '플립러닝'이라는 이름으로 확산되고 있다는 것이 알려진 후, 유투엠도 플립러닝이라는 꼬리표가 따라붙기 시작했다.

새로운 수업모델은 이미 미국에서 플립러닝 혹은 '거꾸로 교실(Flipped Classroom)'이라는 이름을 달고 교육계의 파란을 일으키면서 맹렬한 속도로 확산되고 있었다.

플립러닝은 핵심적인 교수학습 철학과 수업 방법론이 유투엠과 놀랍게도 닮아 있었다. 교실에서 강의를 듣고 집에서 숙제를 하는 기존의 주입식 수업모델을 거꾸로 뒤집어 숙제로 예습을 한 후 교실에서는 심화 문제풀이와 토론을 하는 수업모델이 바로 플립러닝이란 이름으로 불리고 있었던 것이다. 플립러닝이 추구하는 근본적인 교수학습 철학과 실제 수업진행 방식이 사실상 유투엠과 다를 게 없었다.

유감스럽게도(?) 유투엠이 플립러닝 세계 최초는 아니었다. 유투엠의 기획과 개발에 착수했던 2010년보다 1년 앞선 2009년 미국 콜로라도 지역에서 존 버그만과 애론 샘즈라는 두 과학교사가 새로운 수업모델을 실험적으로 시작하여 효과를 거두면서 플립러닝이 점차 주목받기 시작했다. 기존의 교수 학습법에 비해 학습 효과가 훨씬 높고 무엇보다 학생들의 학습 태도를 자기주도적이며 적극적으로 바꾸어 놓는 혁신적인 교수 학습방법으로 알려지면서 전 세계적으로 빠르게 확산되기 시작했다.

수업 방식과 관련하여 플립(Flipped)이라는 용어가 처음 등장한 것은 2000년 마이애미 대학의 연구논문에서였다. 당시에는 '역진행 수업(flipped teaching)'이나 '개별화 수업(differentiated instruction)'등의 용어를 혼합하여 사용함으로써 여전히 배우는 것이 아니라 가르치는 것(teaching/instruction)에 중점을 둔 개념에서 벗어나지 못했다.

이후 논문 작성을 위한 다양한 실험과 연구가 이어졌고, 이를 토대로 학교 현장에서 시험 적용되기 시작하면서 가르침(Teaching)이 아니라 배움(Learning)의 개념이 강조되기 시작했다. 연구와 현장 적용이 진척되면서 새로운 수업 방식은 기존의 주입식 교육을 혁신하는 대안적 교육모델로 자리 잡은 것이다.

플립러닝은 세계적 교육모델

플립러닝은 영미권을 중심으로 새로운 혁신적 교육모델로 간주되면서 전 세계적으로 무섭게 확산되고 있다. 우리나라에서도 플립러닝은 21세기 핵심역량을 키울 수 있는 수업방법으로 인정

되면서 빠르게 확산되고 있다.

특히 4차 산업혁명의 파고가 높아지고 미래의 변화를 주도할 수 있는 창의적 인재를 키우는 교육이 필요하다는 절박한 위기의식이 확산되면서 주입식 교육을 탈피할 수 있는 혁신적 대안 교육 모델로 플립러닝에 대한 연구와 적용이 빠르게 확산되고 있다.

서울대에서는 성낙인 총장이 "과거 대학이 가진 낡은 틀에서 탈피해 새로운 틀을 짜야 한다"고 말하면서 대학 교육의 혁신을 주문하고 나섰다. 성 총장은 "무크를 통해 세계 석학들의 강의를 어디서나 들을 수 있는 시대가 왔는데 예전의 수업 방식을 고수할 이유가 없다"면서 "강의는 온라인으로 듣고 강의실에선 질문과 토론이 이뤄지는 플립러닝을 확대해야 한다"고 강조했다.

이런 흐름에 따라 서울대에서는 수학과 권오남 교수가 선구적으로 대학 강의실에 플립러닝 방식을 도입한 후 이공대와 의대 등으로 확대 적용하고 있다.

고려대에서도 이에 뒤질세라 염재호 총장이 나서 대학교육의 혁신을 추진하고 있다. 염 총장은 "미래 시대가 원하는 인재는 정답만을 맞추는 학생이 아니며 전통 방식의 교육은 곧 사라질 것"이라고 단언하였다. 그는 "무크를 통해 온라인 강의를 수업 전에 공유하고 강의실에서는 교수와 학생 간의 토론식 수업이 주가 될 것"이라고 하면서 플립러닝으로 창의적 인재를 기르는 교육을 강조하였다.

연세대에서는 '강의혁신 전도사'를 자임한 정갑영 전임 총장이 "토론 중심의 '거꾸로 수업'으로 대학 강의실을 바꿔야 대학이 살아남을 수 있다"고 강조하고 나섰다. "정보통신의 발달로 학생들이 집에서도 하버드대 강의를 동영상으로 볼 수 있는 시대"라며 "강의실은 교수가 지식과 정보를 일방적으로 전달하는 공간에서 학생들에게 맞춤화된 배움을 제공하는 공간으로 바뀌어야 한다"고 역설한 것이다.

플립러닝은 초중고 교실수업을 혁신하는 데서도 크게 주목을 받으면서 확산되고 있다. 특히 부산교육청 산하 두 개의 학교에서 실험적으로 진행이 된 후 2014년 4, 5월에 그 결과를 〈KBS〉에서 보도했고, 이후 플립러닝에 대한 관심이 공교육에서도 본격화되었다.

교육부는 2015 교육과정 개편에서 21세기 핵심역량을 키우기 위해 학생참여 중심 수업과 과정 중심 평가를 중심 의제로 내세웠다. 학생참여 수업과 과정 중심 평가를 실제 교육 현장에 실천하기 위한 현실적인 수업모델이 플립러닝이라는 점이 알려지면

말하는 수학

서 기존의 주입식 교실을 바꾸는 혁신적인 수업모델로 더욱 각광받고 있다.

　유투엠을 처음 기획하고 고민하면서 생각했던 미래 교육의 방향이 전 세계 교육계에서 광범위하게 공감을 얻고 있는 것이다. 수학교육을 올바르게 혁신해보고자 하는 신념을 가지고 시작했던 우리의 도전이 결코 헛되지 않았다는 것을 세상이 증명해주고 있다.

04
21세기 핵심역량을 키우다

인공지능과 로봇이 인간의 역할과 노동을 빠르게 대체해나가고 있는 4차 산업혁명 시대에 우리 아이들을 어떤 역량을 가진 사람으로 키워내야 할까? 도대체 어떤 능력을 갖춘 인재가 되어야 기계에 의해 대체되지 않는 존재로 사람답게 살아갈 수 있을까? 시대가 우리에게 던지는 절박한 물음이 아닐 수 없다.

21세기 역량에 대한 개념적 프레임 워크를 제안한 미국의 '21세기 역량을 위한 파트너십(The Partnership for 21st century skills)'에서는 학생들이 핵심교과 학습을 통해 지식을 습득함과 더불어 21세기 인재의 핵심역량으로 4C를 갖출 것을 제안했다.

여기서 4C란 창의력(Creativity), 비판적 사고(Critical Thinking), 의사소통 기술(Communication skills), 협업 능력(Collaboration)을 가리킨다. 이것은 우리 아이들이 미래 사회를 주체적으로 살아가기 위해 갖추어야 할 능력들인 것이다.

4차 산업혁명 시대의 핵심역량

바야흐로 창의성의 시대다. 지식의 습득과 수용을 넘어서서 주어진 지식을 비판적으로 분석하고 응용하여 현실의 복잡한 문제를 창의적으로 해결해가는 능력이 중요해졌다. 또한 현실의 문제를 해결하고 뭔가 가치 있는 업적을 성취해내기 위해서는 지적 역량뿐만 아니라 높은 수준의 사회적 감성적 지능을 갖추는 것이 필수적이다.

　다양한 사람들과의 소통과 공감을 통해 협력을 이끌어낼 줄 아는 사람이 성과창조형의 진정한 인재다. 인공지능이 제아무리 진화하더라도 비판적 창의적으로 생각하는 능력과 소통을 통해 협력을 주도하는 능력은 인간을 따라오기 쉽지 않을 것이다. 기계가 쉽게 흉내 내지 못할 능력, 인간만이 갖출 수 있는 고유한 능력을 갖춰야 사람다운 일을 하면서 사람답게 살아갈 수 있는 시대가 눈앞에 있는 것이다.

창의성은 지식을 현실에 응용하여 혁신적인 아이디어를 창출하거나 새로운 지식을 만들어낼 수 있는 역량이다. 창의성이란 일반 사람들에게는 없는 특별한 능력이거나 타고난 천재의 전유물이 아니다. 창의성은 학습 과정을 통해 누구나 배우고 함양할 수 있는 역량이다. 기존 지식이나 전통에 의문을 제기하고, 질문하고 토론하면서 새로운 관점에서 생각의 싹을 키워나가는 과정에서 자연스럽게 기를 수 있는 역량이다.

비판적 사고란 주어진 지식과 정보를 있는 그대로 받아들이지 않고 그것의 배경과 맥락을 따져보고 분석해보는 역량을 말한다. 비판적 사고는 세상과 사물에 대해 주체적으로 생각하고 판단하기 위한 기반이 된다. 비판적 사고력이 없으면 문제의 근원을 탐색하여 그것을 근본적으로 해결하는 능력을 갖출 수 없다. 의문을 품고 질문하거나 자신의 독자적인 관점을 기반으로 지식을 재구성할 수 있는 역량이다. 비판적 사고 또한 지식을 수용적 태도로 받아들이기만 해서는 기를 수 없다. 자신의 생각과 관점을 세우고 이를 바탕으로 토론하고 논쟁하는 공부를 하면서 가장 효율적으로 키울 수 있는 역량이다.

의사소통 능력은 자신의 생각과 감정을 분명하고 설득력 있게 표현할 수 있는 역량이다. 의사소통 능력은 침묵하는 교실에서는 결코 길러지지 않는다. 학습 과정에서 각자의 생각과 의견을 표현하고 논의하고 토론하면서 길러질 수 있다.

협업 능력은 사람들과 함께 일을 하면서 자신의 역량을 배가시키고 일의 효율성을 높이는 역량이다. 갈수록 세상이 복잡해지고 전문성이 요구될수록 이에 비례하여 사람들과의 관계에서 협업을 이끌어내는 역량이 중요해지고 있다. 지금은 혼자 일하면서 뭔가 의미 있는 일을 성취할 수 있는 시대가 아니다. 집단지성과 융합의 힘을 발휘해야 무언가를 만들어내고 성취할 수 있는 시대다. 이런 점에서 협업능력은 21세기에 필수적으로 갖추어야 할 생존능력이라고 할 수 있다.

사회에 필요한 인재를 양성하는 것이 교육의 궁극적 목적이라고 볼 때 사회적 역할을 온전하게 감당하는 인간을 길러내기 위해서는 교실수업에서 아이들에게 비판적 사고력과 창의성과 같은 고등 사고력과 함께 높은 수준의 의사소통 능력과 협업 능력을 키워 줄 수 있어야 한다.

인공지능과 기계에 대체되지 않는 21세기 핵심역량을 키우는 교육은 개인 생존의 문제일 뿐만 아니라 국가적으로도 미래의 운명을 결정하는 문제가 아닐 수 없다.

미래형 인재 양성 교육 패러다임

미래사회의 인재가 갖추어야 할 핵심역량을 무엇이라고 정의하든 동의할 수밖에 없는 명백한 사실이 있다. 현재의 주입식 암기식 교육으로는 핵심역량을 갖춘 인재를 키워낼 수 없다는 것이다. 교과서의 지식을 단순 암기하고 문제풀이를 반복 훈련시키는 현재의 교육은 미래에 쓸모없는 지식을 머릿속에 집어넣어 능력 없는 인간으로 만들고 있다. 로봇이나 인공지능이 하게 될 일을 훈련시켜 기계에 대체될 인력만을 키우고 있는 셈이다.

표준화되고 반복적인 일은 인간보다 기계가 훨씬 더 뛰어날 것이다. 미래에는 오직 창의적이고 협력적인 사람들만이 잘 설계된 로봇과 인공지능의 알고리즘을 뛰어넘는 성취를 이뤄낼 수 있다는 것을 알아야 한다.

이런 관점에서 우리가 추구해야 할 새로운 교육모델은 '21세기 핵심역량을 키우는 교육으로 패러다임을 바꿔야 한다'는 것이다. 교육을 바꾸는 문제는 우리 아이들에게는 생존의 문제다. 핵심역량을 키우는 교육은 '무엇을 가르칠 것인가'하는 교과 과정의 문제가 아니라 '어떻게 가르치고 배울 것인가'하는 학습 방법에 관한 문제라고 할 수 있다. 이는 공부 방법을 바꾸지 않고서는 이뤄질 수 없다. 모든 수업시간에 모든 교과의 공부 방식을 바꿔야 한다.

그런데도 지금 아이들은 아침부터 밤늦게까지 이어지는 교실 수업에서 기껏 5개의 지문에서 하나의 정답을 고르는 연습을 하고, 〈EBS〉 교재를 달달 외우는 것이 전부다. 안타까움을 넘어 참담한 현실이 아닐 수 없다.

더는 늦춰서는 안 된다. 우리 아이들에게 미래를 준비해주는 교육 본연의 역할을 찾아주어야 한다.

우리는 교실에서의 수업 방식을 바꾸는 데서부터 시작해야 한다고 믿는다. '가르치고 배우는 방법'을 혁신하지 않고서는 21세기 핵심역량을 키울 수 있는 방법은 없다고 생각한다. 핵심역량을 키우는 교육은 수업 방식을 뜯어고치는 데서부터 출발해야 한다. 핵심역량은 전달식 강의를 통해 아이들에게 집어넣어줄 수 있는 성질의 것이 아닌 것이다.

단언컨대, 자기 생각을 표현하고 토론하는 공부, 한마디로 '말하는 공부'가 21세기 핵심역량을 키우는 공부다. 생각하는 힘을 키우고, 소통하며 협업하는 능력을 키우기 위해서는 교실 수업에서 아이들의 생각을 촉진하고 서로의 의견을 나누는 공부를 해야 한다. 경쟁이 아니라 협력을 통해 문제를 해결하는 힘을 길러야 한다. 그래야 아이들이 지식을 자신의 관점에서 해석하고 비판적으로 평가하고 나아가 자신만의 창의적 관점을 투사할 줄 아는 창조적 개척자로서 성장해 나아갈 수 있다. 수업 과정에서 서로의 생각을 표현하고 소통하는 공부를 해야 의사소통 능력과 협업 능력을 키울 수 있다는 것은 당연하다.

반대로 질문을 허용하지 않고 침묵을 강요하는 공부는 핵심역량을 죽이는 공부다. 친구와 소통하고 협력하는 방법을 가르치는 것이 아니라 불통과 이기적인 경쟁만을 조장하는 교육방식으로는 미래 사회에 필요한 인재를 키워낼 수 없다.

이제 정말 구시대의 교육모델과는 단절해야 한다. 그것은 우리 아이들에게 미래에 필요한 힘을 키워주는 교육이 아니다. 오히려 반대다. 주입식 교육은 생각을 자유롭게 할 자유를 억압하는 것이다. 그것은 소통하고 협력하면서 인류 역사를 진보시켜왔던 사회적 존재인 인간의 본성에도 맞지 않는 교육방식이다.

듣는 공부를 말하는 공부로, 집어넣는 교육에서 생각을 꺼내는 교육으로, 교사 중심의 일방적 강의를 학생 중심의 능동적 배움으로 바꾸는 교육 패러다임의 일대 전환이 시급하다.

다행히 최근 우리나라에서도 기존의 주입식 교육방식에서 탈피하여 핵심역량을 키우는 학생 중심의 창의적 수업으로 교육방식을 바꾸려는 노력들이 다양하게 시도되고 있다. 토론학습, 협력학습, 배움의 공동체, 프로젝트학습(PBL), 플립러닝, 하브루타 등은 모두 이름이 다르고 구체적인 수업 방식이 조금씩 다를 수 있지만, 공통 핵심은 바로 학생 중심의 능동적인 참여수업에 있다. 학생들이 학습 과정에 적극적으로 참여하여 자신의 생각을 표현하는 공부다. 팀별 토론과 다양한 말하기 학습을 통해 생각하는 힘을 기르고 서로 소통하고 협력하는 공부라는 점이 이러한 혁신적인 공부법들이 공통적으로 지향하는 방향이다.

미래형 수학 교육 모델

우리는 수학을 가르치면서도 문제풀이 능력뿐만 아니라 21세기 핵심역량을 함께 키워야 한다고 생각한다. 일방적 강의와 전달이 사라진 유투엠의 교실에서 '말하는 수학'을 핵심적인 교수 학습방법으로 전면화 시키고자 했던 데는 우리의 이러한 신념이 크게 작용했다. '말하는 수학'은 인지과학적인 측면에서 학습효과가 뛰어난 공부법이기도 하지만, 무엇보다 21세기 핵심역량을 키울 수 있는 수업 방법이라고 확신했기 때문이다.

당장 수학 성적을 올리는 것도 무시할 수 없는 공부의 목적이라는 것을 인정한다. 그러나 눈앞의 성적과 입시만이 교육의 목적이 돼서는 안 된다. 미래 사회를 살아가는데 필요한 역량을 잃어가고 있는데, 수학 점수 몇 점 올린다고 20년 후에 내 아이가 인공지능에 대체되지 않을 삶을 살아갈 것이라고 누가 장담할 수 있겠는가? 단순한 성적으로 내 아이의 미래가 얼마나 달라질 수 있다고 생각하는가? 왜 아이들을 로봇에게 길을 내주는 신세로 전락시키려 하고 있는 것인가?

세상에서 성공하는 역량은 5지 선다형 점수가 아니다. 교육은 보다 더 중요한 목적을 중심에 두어야 한다.

수학 공부도 핵심역량을 키우는 수업을 해야 한다. 아이들이 자기 생각을 이야기할 수 있어야 한다. 소통하고 협력하면서 문제를 해결하는 연습을 하게 해야 한다. 그러기 위해서는 침묵과 암기를 바탕으로 하는 구시대의 교육모델과는 결별해야 한다. 새로운 수학교육 모델이 절실하게 필요하다.

그것이 바로 '말하는 수학'이다. 이제 '말하는 수학'으로 수학 공부의 틀을 바꿔야 할 때다. 침묵이 지배하는 교실은 이제 역사의 박물관으로 보내야 한다. 아이들이 입을 열어 자기 생각을 말하는 데서부터 미래의 수학 교육은 시작된다. '말하는 수학'이 21세기 핵심역량을 키우는 진정한 수학 공부다.

우리 아이를
미래 사회의 주인공으로!

정충신 (중계캠퍼스 부원장)

요즘 보면 예전에 영화에서나 보았던 일들이 실제로 일어나고 있다. 로봇이 계산을 하고, 집안일을 하고, 의사처럼 진료도 하고, 바둑도 두는 세상이 되었다. 패스트푸드점이나 푸드코트에서 기계를 터치하며 주문을 하는 일은 이제 일상이 되었다.

인공지능이 발달한 덕에 사람들은 점점 편해지고 있지만 한편 설 자리를 잃어가고 있다. 앞으로는 더욱더 인공지능이 정교하게 발전해 갈 것이 분명하니 아마도 우리 아이들이 살아갈 세상에서는 컴퓨터와 로봇 등 기계가 더 많은 일을 담당하게 될 것이다.

그런 세상에서 주인공으로 살아가는 방법은 무엇일까? 그것은 기계가 가지지 못하는 능력을 기르는 것뿐이다. 그 능력은 바로 창의력과 비판적인 사고력, 그리고 소통하고 서로 돕는 능력이라고 생각한다.

입력 되는 대로 반응하여 출력하는 기계와는 달리 사람은 보고, 듣고, 느끼는 모든 것을 종합하여 스스로 새로운 것을 생각해 낼 수 있고, 또 그 능력을 얼마든지 향상시킬 수 있다. 그래서 요즘은 거의 모든 교육법에 창의력과 사고력을 기르는 방법이 접목되고 있다.

아이들을 미래의 주역, 주인공으로 기르고 싶어 하는 부모와 선생님들은 이런 사실에 주목해야만 한다. 아이들이 창의적 사고와 비판 능력, 올바로 소통하는 실력을 기를 수 있도록 제대로 안내를 해야 하기 때문이다.

무조건 그런 능력을 길러야 한다고 강조해도 저절로 되는 것이 아니다. 그 동안의 주입식 방법에서 벗어나지 못한 채 길을 찾으면 미로에서 헤매기만 할 뿐이다.

말하는 수학이 최고의 방법

유투엠의 말하는 수학은 창의력과 비판적 사고력, 그리고 올바른 소통 능력을 기르는데 그야말로 최고라고 자신 있게 말할 수 있다.

나는 교육 현장에서 오랫동안 아이들과 씨름해 왔고 나름 잘 가르친다고 자부해 왔던 사람이다. 하지만 아무리 설명을 잘 해줘도 아이들은 재미있어 하지 못했고 간신히 가르쳐준 공식을 외워서 문제를 푸는데 급급했다. 자기 스스로 방법을 찾는 것이 아니라 선생님이 입력해주는 것만 그대로 기억했다가 답을 찾으려고 했다. 어떻게 그런 공식이 나왔는지, 왜 다른 방법은 안 되는지 등에 대해서 생각을 하는 아이들이 없었다.

하지만 유투엠의 말하는 수학으로 아이들을 가르친 뒤 엄청난 변화를 느낄 수가 있었다. 아이들은 재미있어 했고 스스로 생각하기 시작했다. 그것도 아주 기발하고 놀랍도록 날카로운 생각을 해냈다.

스마트 룸에서 예습을 위해 본 디딤 영상에 대해 질문을 할 때도 그렇지만 팀별 토론을 하면서 문제를 해결하는 방법에 대해 이야기를 나눌 때 보면 아이들이 얼마나 비판적으로 생각할 수 있는지 감탄하게 된다. 또 토론을 할 때는 상대방의 의견을 존중하면서도 자신의 주장을 내세우는 방법을 저절로 익히는 모습을 목격할 수 있다. 아이들이 수학을 배우면서 사회생활의 기본이라고 할 수 있는 의견조율 방법, 올바른 의사소통 방법까지 익히고 있는 것이다.

또래 가르치기는 아이들의 창의력이 돋보이는 시간이기도 하다. 친구들을 잘 이해시키기 위해 동원하는 단어나 설명을 듣다 보면 나도 모르게 감탄이 나올 때가 있다.

말하는 수학의 가장 큰 장점은 이렇게 아이들이 생각을 하도록 만든다는 데 있다. 질문에 답을 하고 친구들과 선생님에게 설명하기 위해 나름의 논리를 세우고 표현을 다듬으려고 뇌를 사용하는 것이다.

아이들이 생각할 수 있도록 만드는 학습 시스템이 바로 유투엠의 말하는 학습법이다. 이 학습법으로 꾸준히 공부를 한다면 아이들은 창의적이고 비판적인 사고를 할 수밖에 없다. 또한 의사소통 능력, 갈등에서 합의를 이끌어내는 능력을 기를 수밖에 없다.

유투엠 학습법이 미래 사회의 주인공을 길러내는 획기적인 학습법이라고 자신 있게 말하고 싶다.

05
말하는 수학이 중요한 이유

공부란 한마디로 모르는 것을 알아가는 과정이다. 그 출발은 바로 내가 무엇을 모르는지에 대해 아는 것이다. 자기 스스로 이해하지 못한 부분을 잡아낼 수 있어야 효과적인 공부가 시작된다. 아이들이 자신의 인지상태를 스스로 모니터링하고 알게 하는 학습 기술과 습관이야말로 성적을 올리는 결정적인 학습능력이 아닐 수 없다.

　학습능력이 뛰어나 최고의 성적을 내는 학생들은 이러한 자기 성찰 능력, 곧 메타인지 능력이 뛰어나다는 공통점이 있다. 내가 어떤 것을 아는지 모르는지, 혹은 정확하게 이해했는지 아닌지를 파악하는 메타인지가 성적을 결정하는 가장 중요한 요인이라는 것이 인지심리학의 공통된 연구 결과다.

아이들이 자신의 인지상태를 파악하게 하는 최고의 방법은 날카로운 질문을 던져 스스로 생각하게 한 후 답변하게 하거나 설명해보게 하는 것이다. '왜 그렇게 생각하니?'라고 질문을 하면 '왜'에 대해 논리적으로 설명하면서 개념에 대한 이해나 문제해결의 추론과정을 드러낸다. 안다고 생각했는데 또래 친구에게 설명하려고 하니 명확하게 정리가 잘 안 되면서 자신의 이해상태를 정확하게 파악하기도 한다.

교사 입장에서도 아이의 답변과 설명을 들어보면 어느 지점에서 제대로 이해를 못하고 있는지, 혹은 어떤 오개념을 가지고 있는지, 어느 부분에서 추론을 잘못하고 있는지를 분명하게 파악할 수 있다. 학생은 이 과정에서 자신의 이해상태나 수학적 사고를 스스로 모니터링하고 잘못된 이해나 오개념에 대해 교사로부터 피드백을 받을 기회를 얻는다.

일방적 강의를 듣기만 하는 공부는 이러한 자기성찰의 시간을 주지 않는다. 학생은 자기의 이해상태를 모니터링할 틈이 없기 때문에 스스로를 진단할 기회가 차단된다. 교사 입장에서도 아이들의 이해여부를 확인할 방법이 없기 때문에 부족한 부분을 잡아내어 피드백해 줄 여지가 없다.

수학적 개념은 곧 '왜'에 대한 설명이다

수학을 공부함에 있어서 가장 중요한 원칙은 개념에 대해 정확하게 이해하는 것이다. 개념에 대한 이해가 모든 수학공부의 출발인 것이다. 개념을 이해하지 못한 채 공식을 암기하고 많은 문제를 풀게 하는 방식은 언젠가 수포자의 대열에 합류시키는 수학공부법이다. 공식과 문제풀이 절차를 암기하여 문제를 풀게하는 것은 당장 시험에서 일시적으로 성적을 올리는 효과가 있을지는 모르겠지만 모래 위에 성을 쌓는 것과도 같다.

수학에서 개념이란 단적으로 '왜?'에 대한 설명이다. 2/6+3/6라는 분수식의 덧셈을 할 때 "분수식의 덧셈에서 분모가 같으니까 분자끼리 더해서 5/6가 돼요"라고 하거나, 3/4÷3/5 라는 분수식의 나눗셈을 할 때 "분수식의 나눗셈은 분자와 분모를 뒤집어서 곱해야 하니까 5/4입니다"라고 설명하는 것은 개념적 설명이 아니다.

'삼각형의 넓이는 밑변 곱하기 높이, 나누기 2입니다'라고 말하는 것은 개념에 대한 설명이 아니다. 왜 그렇게 되는지에 대한 원리나 개념이 아니라 문제풀이 방법이나 절차, 혹은 공식일 뿐이다.

수학에서 개념이란 '어떻게(How)'가 아니라 '왜(Why)'에 대한 설명이다. '왜'에 대해 말로 명료하게 설명할 수 없다면 그것은 개념을 제대로 이해한 것이 아니다.

개념적 사고, 논리적 사고의 출발은 '왜'에 대한 이해와 설명에서 시작된다. 개념에 대한 이해와 설명 없이 문제풀이 방법이나 공식만을 암기해서 푸는 방식으로는 수학을 공부하는 궁극적 목적인 논리적 사고력을 기를 수 없다.

논리적 사고력을 기르기 위해서는 '왜?'에 대해 계속 집중해야 한다. '왜'에 대해 계속 질문하고, '왜'에 대해 설명할 수 있어야 한다. 왜 그렇게 되는지에 대해 논리적으로 설명할 수 있으려면, 원리와 개념을 명료하게 이해하여 그것을 내 머릿속에서 구성해내는 과정을 거쳐야 한다.

개념을 설명할 수 있다는 것은 개념을 이해하여 내 머릿속에 구성해냈다는 것을 뜻한다. 어떤 것을 '이해'하지 않고서는 절대로 설명할 수 없는 법이다. 개념을 제대로 이해하게 하려면 학습자가 논리적 근거나 이유를 설명해낼 수 있게 해야 한다.

말로 설명할 수 있어야 아는 것이다

아이들은 교사의 설명을 들으면 그 개념에 대해 온전하게 이해했다는 느낌을 받기 쉽다. 그러나 듣기만 하고 넘어가면 학습자는 이해했다고 착각하고 있을 가능성이 높다. 이해한 바를 말로 설명해보도록 하면 아이들마다 이해상태가 천차만별이라는 것을 발견할 수 있다. 내가 다시 꺼낼 수 없는 지식은 진짜 알고 있는 지식이 아니다. 배우고 이해한 것을 말로 분명하게 설명할 수 없다면 사실상 그것은 모르고 있다는 것을 의미한다.

어떤 개념에 대해 제대로 이해했다는 것은 그 지식을 머릿속에서 조직하고 구성하여 자신의 언어로 설명하고 표현할 수 있다는 것을 의미한다.

수학에서 논리(Logic)는 곧 말(Logos)이다. 논리적 사고란 곧 논리적 언어다. '논리적'이라는 것은 쉽게 말해 '말이 된다'는 뜻이다. 수학에서 개념을 이해했다는 것은 곧 논리적으로 이해했다는 뜻이고, 논리적으로 이해했다는 것은 자신의 언어로 풀어낼 수 있다는 것을 의미한다.

개념을 직접 자신의 언어로 풀어내고 설명해낼 수 있을 때 수학적 개념이 머릿속에서 강화되어 논리적인 연결을 형성하고 있다고 말할 수 있다. 개념을 말로 설명할 수 없다면, 그것은 개념을 제대로 이해한 것이 아니다.

'이해했다'는 것을 단순히 '알아들었다'는 것으로 만족하면 안된다. 아인슈타인이 말한 것처럼 어떤 것을 이해했다는 것은 그것을 남에게 설명하여 이해시킬 수 있다는 것을 의미한다.

남에게 설명할 수 없다면 그 지식은 제대로 아는 것이 아니다. 모르고 있거나 이해가 부족하여 어설프게 알고 있는 것이다. 말로 설명하고 표현해내는 것은 개념이나 원리를 정확하게 이해하고 있는지를 판단할 수 있는 가장 중요한 기준이다.

개념학습을 성장시키려면 어떻게 하는 것이 가장 좋은가? 그 열쇠는 바로 '말하기'에 있다. 개념을 말로 풀어낼 수 있도록 하는 것이 수학 개념을 온전하게 학습하는 최고 확실한 방법이다.

지식과 생각을 말로 표현하는 것은 자신의 사고를 명확하게 하도록 도와주는 최고의 학습법이다. 말로 설명하는 과정에서 중간중간 막히거나 설명이 명료하지 않다면 제대로 알지 못 하거나 모르고 있다는 것을 의미한다. 학습자는 '말하기'를 통해 자신의 생각과 사고를 밖으로 드러내는 과정에서 자신의 이해상태를 정확하게 파악할 수 있게 된다. 개념의 이해와 개념 간 논리적 연결이 중요한 수학에서 특히 '말하는 공부'가 중요한 이유다.

'말하는 수학'이 대안이다

수학 학습에서 학생들의 발전을 가로막는 최대의 복병은 자신이 모르면서 안다고 착각하고 넘어가는 것이다. 이러한 착각학습을 끊어주는 방법이 바로 '말하기'다. 개념을 말로 표현할 수 있을 정도가 되지 않고는 그 개념을 확실하게 이해했다고 말할 수 없다. 불완전하고, 깊이가 얕고, 수동적인 이해를 넘어서게 할 수 있는 방법이 바로 '말하기'를 적용하는 것이다.

수학적 개념, 문제해결의 절차와 해결전략에 대한 질문에 답하게 하고, 말로 설명하도록 하면 아이들의 뇌는 보다 완전하고, 깊이 있고, 능동적인 배움을 얻게 된다.

수학의 개념을 익힌 후에는 개념이 확장되어 적용되고 응용되는 다양한 문제를 통해 사고의 훈련 연습을 거치는 것 또한 중요하다. 그래야 문제 해결력이나 응용력이 생긴다.

아이들은 개념이해를 소홀히 하면서 문제풀이에 급급해하는 경우가 많다. 개념에 대한 이해 없이 많은 양의 문제풀이를 통해 문제풀이 절차를 숙달시킨다. '왜'가 아니라 '어떻게'에 매달리는 것이다. 문제풀이만으로는 이룰 수 없는 일인데도, 많은 학생들이 조금 알 것 같으면 바로 문제풀이에 몰두한다.

많은 학원에서 경쟁적으로 숙제의 양을 늘리는 것도 이러한 잘못된 습관을 만드는 데 일조한다. 깊이 있게 생각해보지도 않은 채 기계적으로 문제를 풀면서 속도전을 벌인다. 그래야 엄청난 양의 숙제를 끝낼 수 있을 테니까. '양치기'에 익숙해져 개념은 쳐다보지도 않고 문제만 푸는 것이다. 안타까운 일이지만 학부모들 또한 이러한 양치기식 선행학습에 매달린다.

이런 식의 수학공부는 아이들의 논리성이나 생각하는 힘을 길러주지 못한다. 수학공부의 궁극적 목적은 사고력, 곧 생각하는 힘을 길러주는 데 있다. 수학적 사고력, 곧 논리적으로 생각하고 추론하는 힘을 길러주기 위해서는 아이 스스로 자기가 푼 문제를 개념적으로 성찰해볼 수 있어야 한다. 기계적으로 많은 문제를 풀어내는 것이 중요한 게 아니다. 문제해결 전략을 깊이 있게 생각하고 문제에 적용된 개념이 무엇인지 생각해보게 하는 성찰과정이 반드시 필요하다. 기본 개념이 어떻게 확장돼 응용되고 있는지에 대해 생각하는 과정을 통해 '개념의 전이'가 일어나게 해야 한다.

이를 위해서는 '수학적 의사소통 과정'이 반드시 필요하다. 아이들은 자신이 푼 과정을 말로 설명한다. 자신의 생각과 사고를 말로 설명하고 표현함으로써 개념적 반성을 할 수 있다. 친구의 풀이 과정을 접하며 비교도 하게 되고, 다양한 해결전략을 배울 수 있다. 토론을 진행하면서 서로 선생님이 된 것처럼 질문도 하게 한다.

요컨대 '말하는 수학'은 개념을 온전히 이해하게 하고 개념을 전이시키는 능력을 키운다. 다양한 문제해결 전략을 생각하게 함으로써 생각하는 힘과 논리적 사고력을 길러준다.

무엇보다 '말하는 수학'은 메타인지 능력을 키워 학습효과를 높이는 최고의 공부다. 말로 풀어내는 공부는 그 어떤 과목보다 수학에서 반드시 필요한, 학습효과가 가장 뛰어난 공부법인 것이다. 이것이 주입식 문제풀이에 몰두하고 있는 잘못된 수학교육을 바로잡는 데 '말하는 수학'이 대안이 돼야만 한다고 생각하는 이유다.

06
말하는 공부는 **학습효과가 높다**

같은 책을 읽더라도 독서를 하는 목적과 태도, 그리고 읽는 방법에 따라 그 효과는 크게 달라진다. 독서를 하고 공부를 할 때 그 목적이나 방법에 따라 학습결과는 엄청난 차이가 난다.

미국 워싱턴대 네스토코 교수의 연구팀에서 실험을 했다. 학생들을 두 그룹으로 나누었다. 한 그룹 아이들에게는 책을 읽은 후 시험을 치를 것이라 하고, 다른 그룹의 아이들에게는 친구들을 가르쳐야 한다고 했다.

책을 읽은 후 두 그룹 학생들에게 같은 시험을 치르게 했다. 어느 집단의 학생들이 더 성적이 좋았을까? 다른 친구들을 가르쳐야 한다고 이야기해준 그룹 학생들의 성적이 더 우수한 결과가 나왔다.

다른 학생들을 가르쳐야 한다고 이야기를 들은 학생들은 학습을 할 때 훨씬 더 집중해서 정보를 받아들이고 학습내용을 더 정확하게 머릿속에 구성해낸다. 그 결과 학습내용을 더 오랫동안 기억한다. 남을 가르치기 위해서는 공부한 내용을 확실하게 알아야 가능하기 때문에 정보를 받아들일 때부터 더욱 집중하게 되고, 주도적으로 학습내용을 의식적 체계적으로 구성해내려 노력하는 효과가 나타나기 때문이다.

네스토코 교수는 연구 결과를 요약하여 이렇게 말한다.

"누군가를 가르쳐야 한다는 목적은 학생들로 하여금 책의 중요한 내용을 더 효과적으로 재조합하게 만들고, 더 잘 기억하게 한다."

다른 학생들을 가르쳐야 한다고 이야기를 들은 것만으로도 이렇게 학습효과에서 차이가 나는데, 공부한 후 다른 학생을 가르치는 과정을 실제로 진행했을 때에는 학습효과가 비교할 수 없이 높아지는 것은 당연하다.

공부한 내용을 다른 학생이 이해하기 쉽게 설명하는 과정은 곧 습득한 지식과 정보를 다시 한 번 더 조직화한 후 그것을 능동적으로 사용한다는 것을 뜻한다. 어떤 것을 말로 설명하고 나면 머릿속이 체계적으로 정리되는 느낌이 드는 것은 바로 이런 이유에서다. 지식과 정보를 인출하는 과정에서 그 지식과 정보가 머릿속에서 다시 조직화되고 각인되어 오랫동안 기억되는 효과가 나타난다는 것이 뇌과학의 연구 결과다.

동료 학생들과 협력학습을 통해 토론하고, 친구를 가르쳐주고, 질문과 답변을 통해 배운 내용을 서로 설명하게 하고, 토론한 내용을 바탕으로 발표하게 하는 등 학생참여 중심의 학습, 한마디로 '말하는 공부법'이 학습 성과를 비교할 수 없이 높이는 것이다.

질문, 토론, 발표, 설명하기, 가르치기와 같은 '말하는 공부'는 기본적으로 학습자의 의식적이고 능동적인 배움이 없이는 불가능하다. 입력된 정보를 머릿속에서 다시 한 번 더 생각하여 능동적으로 구성하고 조직화하지 않으면 그 정보를 밖으로 꺼내 설명할 수 없다. 반면 눈으로 보고 귀로 듣는 공부는 감각을 통해 정보를 '수용'하는 공부다. 한마디로 수동적인 공부다. '뇌는 능동적으로 공부를 할 때에만 제대로 배운다'는 것이 뇌과학의 결론이다. 말하는 공부가 학습 과정에서 아이들의 집중력과 능동성을 높이고 결과적으로도 학습효과를 높인다는 것이 과학적인 연구 결과다.

입력하는 공부 vs 출력하는 공부

공부 방법에 따라 학습효과는 놀라울 정도로 달라진다. 공부하는 방법에는 크게 두 가지가 있다.

우선 정보를 눈으로 보고 귀로 듣는 '입력하는 공부'다. '집어넣는 공부'다.

우리나라 아이들은 수업을 '강의 듣기'라고 생각한다. 어딜 가나 계속 듣고 보기만 한다. 질문이 없고 나의 생각이 없다. 시험에서도 나의 생각과 비판이 아니라 정답을 얼마나 정확하게 암기하고 있는지를 평가하기 때문에 열심히 듣고 정답을 정확하게 입력하는 공부가 중요하다고 생각한다.

물론 입력하는 공부도 없어서는 안 될 매우 중요한 공부다. 새로운 정보를 감각기관을 통해 입력하지 않고서는 새로운 지식과 정보를 확장할 수 없다. 책을 읽고 강의를 듣지 않고서는 두뇌 속의 지식망을 넓힐 방법이 없다. 입력하는 공부는 새롭게 지식과 정보를 이해하여 확장하는 데 없어서는 안 될 공부다.

지식과 정보의 입력은 중요하고 반드시 필요하지만, 어떤 정보를 시각과 청각을 통해 입력하는 것으로 끝내버리면 그 정보는 기억에서 금방 사라져버린다는 게 문제다. 입력학습은 배운 지식을 오랫동안 기억하는 데는 별로 효과가 없는 공부법이라는 것을 알아야 한다. 역설적이게도 입력만으로 끝나는 공부는 지식을 주입하여 기억하는 데도 별 효과가 없다는 것이다.

이와 달리 '출력하는 공부'가 있다. 학습한 내용을 기억에서 꺼내 표현하고 연습하는 공부다. 배운 지식을 아웃풋 하는 공부고 '꺼내는 공부'다.

인간의 뇌는 입력된 정보를 반복해서 꺼내 표현하고 연습하는 과정을 거쳐야 그 정보를 오랫동안 잊어버리지 않고 장기기억에 저장한다. 기억에서 출력해내는 과정이 반복될수록 그 지식을 형성하고 있는 뉴런의 연결망이 탄탄해져 학습한 내용이 기억 속에 각인되고 진짜 내 지식으로 남게 되는 것이다. 달리 말해 출력하지 않으면 그 정보를 형성하고 있던 뉴런의 연결이 끊겨 기억에서 사라져버린다는 것이다.

지식과 정보를 두뇌에 오랫동안 남겨 장기기억화 시키는 공부는 바로 출력하는 공부, 표현하는 공부다. 이러한 출력하는 공부, 표현하는 공부에는 어떤 방법들이 있을까? 생각하기, 쓰기, 말하기, 테스트, 이 4가지를 대표적으로 거론할 수 있다.

입력한 학습내용을 다시 회상하고 생각을 정리해보는 것은 일종의 기억 꺼내기다. 질문이 중요한 이유는 질문을 하면 학습자가 답변하기 위해 '생각'을 하기 때문이다. 배운 지식과 개념을 끄집어내 문제풀이에 적용해보고 테스트를 통해 연습해보는 것도 출력이고 표현이다. 머릿속에 입력된 지식을 다시 꺼내 글을 쓰면서 생각을 정리하고 표현하는 과정도 효과적인 출력학습이다. 배운 내용을 말로 설명해보거나 토론을 통해 생각을 정리하여 발표하는 것도 훌륭한 출력학습이다.

교사의 강의를 들을 때는 분명 이해했다고 생각했는데, 하루만 지나도 70~80%의 내용이 기억나지 않는 것은 뇌의 생리학적 구조 때문에 나타나는 필연적 현상이다. 이를 극복하기 위해서는 반드시 학습한 지식과 정보를 기억에서 꺼내기 위해 의식적이고 능동적으로 노력하는 과정이 필요하다. 출력과 표현을 거쳐야 진짜 내 지식이 되고 학습을 통해 지적 성장이 이뤄지는 것이다. 소나 염소가 뜯어먹은 풀을 되씹어야 완전히 소화시킬 수 있는 것처럼 입력된 정보를 되새김해야 내 지식이 되는 법이다.

요컨대, 출력을 거치지 않은 지식은 내 머릿속에서 제대로 구성된 지식이 아니다. 밖으로 꺼내 표현할 수 없는 지식은 결코 내 지식이 아니다. 설명할 수 없는 지식은 내가 제대로 알고 있는 지식이 아닌 것이다.

강의를 한 번 듣고 다 이해했다고 생각하는 것은 착각이다. 질문을 주고받으면서 궁금한 점을 해결하고 더 깊이 탐색해보는 과정을 거쳐야 한다. 학습한 내용의 핵심을 요약하여 누군가에게 설명해보고 토론을 통해 비판적 관점에서 다시 한 번 더 깊이 생각해보는 과정을 거쳐야 한다. 읽고 들은 내용을 다시 꺼내 학습자가 머릿속에 능동적으로 구성하고 조직화해야 내 지식이 되는 것이다. 수동적으로 입력만 하지 말고, 그 속에 내 생각을 투사하여 표현해보고 비판적으로 생각해보아야 한다. 그래야 '생각'이 커지고 진정한 의미의 '앎'이 성장한다.

출력하는 공부 방법 중에서도 '말하기'는 가장 학습효과가 높으면서도 활용하기가 쉬운 공부방식이다. 배운 내용을 설명해 낼 수 있는 수준으로 공부하면 완벽하다. 누군가를 가르쳐야 한다고 생각하면서 책을 읽는 것만으로도 학습효과가 높아지는데, 실제로 친구를 가르치고 교사에게 거꾸로 설명하는 방식으로 공부를 한다면 그 효과는 생각하는 것 이상으로 커진다.

말하는 것이 최고의 출력학습

입력으로 끝내는 공부는 기대하는 학습효과를 얻지 못한다. 배운 뒤에 익힘이 뒤따라야 한다. 학습효과를 높이기 위해서는 입력된 정보를 다시 꺼내 출력하는 연습이 반드시 필요하다.

구시대 수업모델에서는 출력 연습을 집에서 숙제를 하면서 혼자 해결하게 했다. 학교에서 배운 지식을 기반으로 문제풀이를 하면서 지식을 적용하고 응용해보는 연습을 집에서 혼자 해왔던 것이다.

자기주도성과 책임감이 강한 학생이 아니고서는 이러한 출력 연습을 제대로 하는 학생이 많지 않다. 그러다 보니 학생들의 성적을 올리기 위해서는 집에서 하는 숙제를 제대로 하게 만드는 '숙제관리'가 절대적으로 중요하다. 아무리 강의력이 뛰어난 교사라도 숙제관리에서 구멍이 나면 학생들의 성적이 엉망일 수밖에 없었던 이유다.

반면 플립러닝을 적용한 유투엠 수업에서는 지식의 입력과 습득은 주로 예습으로 끝내고, 교실에서는 학생들이 능동적으로 참여하는 공부를 하면서 출력연습을 한다. 배운 뒤에 익히는 과정 또한 교실수업에서 완성하는 수업구조다.

다시 강조하지만, 아이들의 뇌는 출력과 표현을 거쳐야 제대로 배운다. 개념을 적용하고 응용하는 연습을 하면서 개념전이 능력을 키우고, 실제로 문제풀이를 실행하면서 제대로 이해했는지 점검하고, 이해한 내용을 친구에게 설명하고 가르치면서 개념을 머릿속에 조직화하는 과정을 거친다. 이렇게 출력하는 공부를 해야 아이들은 해당 단원의 학습내용을 깊이 있게 체득하는 것이다.

'말하는 수학'이 바로 수학교실에서 진행하는 가장 효과적인 출력학습이다. 학습한 개념과 문제해결 과정을 아이들이 능동적으로 다시 인출하여 표현하는 과정을 통해 학습자의 두뇌 속에서 지식이 확실하게 구성될 수 있게 수업을 하자는 것이 유투엠이 추구하는 핵심 교수학습 철학이다. '말하는 수학'을 교실수업에 전면적으로 구현하려는 우리의 근본 의도와 목적이 바로 여기에 있다. 듣는 공부를 말하는 공부로, 수동적인 입력학습을 능동적인 출력학습으로 수업의 틀을 뒤집어야 아이들의 뇌가 제대로 배움을 얻기 때문이다.

교실수업에서 교사와의 대면시간은 학생들에게 정말 소중한 시간이다. 이러한 소중한 시간을 수동적인 입력으로만 낭비하게 하지 말고, 생각과 지식을 꺼내는 공부를 통해 아이들이 온전하게 배우게 하자는 것이 플립러닝 유투엠이 추구하는 '말하는 수학'의 목적이다.

07
말하는 수학은 **능동적 공부법**이다

뇌는 능동적이고 의식적으로 배울 때에만 그들의 뇌 속에 배움이 형성된다고 했다. 아이들이 제대로 배우게 하려면 학습에 몰입하여 능동적으로 배우게 해야 한다. 수동적인 공부란 원래 존재하지 않는다. 간단한 원리 같지만 주입식 교실에서는 이러한 단순한 학습 원리와는 반대로 수업을 한다는 것이 문제다.

플립러닝 유투엠은 학습자의 능동적 참여를 바탕으로 학습이 진행되는 수업모델이다. 플립러닝 학습방식이 학습효과를 높이는 데는 이러한 학습자의 능동성과 주도성이 크게 작용하고 있다고 하겠다.

유투엠의 수업 방식은 진행 자체가 아이들의 능동적이고 적극적인 참여를 촉진하고 이를 기반으로 이뤄지는 수업이다. 학습자의 능동성과 자기주도성을 높여 학습 성과를 높인다는 점이 플립러닝 유투엠의 수업 모델이 가진 또 다른 강력한 장점이다.

우리는 처음부터 학생들이 주도적이고 능동적으로 학습에 참여해야 학습효과가 높다는 뇌과학의 근본 원리를 수업 프로그램에 녹여내려고 고심했다.

그래서 플립러닝 유투엠은 어디까지나 학생들이 수업을 주도하고 능동적으로 문제를 해결하게 해야 뇌에서 배움이 일어나고 학습효과가 높아진다는 뇌과학의 기본 원리에 따라 프로그램이 기획되고 만들어졌다.

학습자가 수업을 주도한다

듣는 공부는 기본적으로 수동적이다. 전달식 강의를 듣는 데 주력하는 주입식 강의실에서는 지식을 계속 '수용'하기만 한다. 지식을 시각과 청각을 통해 입력하는 공부도 주의 집중과 같은 학습자의 능동성이 일부 작용하기는 하지만, 지식의 수용과 입력은 기본적으로 수동성을 벗어날 수 없다. 감각은 정보를 외부에서 받아들이는 것이지, 그것을 능동적으로 구성하고 만들어내는 것이 아니기 때문이다.

주입식 강의실에서는 침묵을 강요하는 것이 불가피했다. 교사의 설명을 놓쳐서는 안 되기 때문에 아이들은 수업 내내 딴짓하지 않고 정숙한 가운데 조용히 듣기만 해야 했다.

그러나 아이들의 집중력에는 한계가 있다. 한 시간 내내 교사의 강의에 온전하게 집중한다는 것은 거의 불가능에 가깝다. 딱딱한 의자에 앉아 말도 하지 않고 움직이지도 않은 채 한 시간을 버티게 하는 것은 사실상 아이들을 육체적, 정신적으로 고문하는 것에 가깝다. 침묵만이 흐르는 주입식 강의실에서 아이들이 반수면 상태에 빠져드는 것은 어쩌면 불가항력적인 생리현상일지도 모른다. 교사의 설명이 자장가처럼 들리는 것은 피할 수 없는 일이다.

공부란 조용한 곳에서 혼자 집중하는 것이라는 우리의 오랜 고정관념은 뇌가 가장 효율적으로 배우는 생리적 법칙과 부합하지 않는다. 오히려 반대다. 수동성을 지속적으로 강요하는 주입식 강의실은 사실상 학생들의 뇌를 멍하게 하고 집중력을 무너뜨려 학습효과를 무산시키고 있다. 아이들을 침묵의 늪으로 빠트릴수록 그들의 뇌는 배우는 게 없는 상태에 빠지는 것이다.

플립러닝 유투엠은 어디까지나 '학습자가 학습을 주도하게 한다'는 것을 수업의 대원칙으로 삼고 있다. 전달식 강의가 예습으로 빠져나간 유투엠의 교실에서는 침묵 대신 능동적 참여와 질문, 말하기가 장려된다. 아이들은 활발하게 질문하고 답변한다. 팀별 토론이 활성화되고 생각을 발표한다. 배운 내용을 또래에게 가르치고 거꾸로 교사에게 설명한다.

입을 열어 자기 생각을 말하고 참여하게 하면 아이들은 능동적으로 돌변한다. 내가 선생님이 되어 친구를 가르쳐주는 것이 너무 신난다. 선생님이 나에게 질문을 해주는 것이 너무 기분 좋다. 내 생각을 물어봐 주니 내가 인정받고 존중받는 느낌이다.

아이들의 자신감과 학습에 대한 열정을 키우는 것은 교사가 건네는 따뜻한 시선과 한 마디의 칭찬과 인정의 언어다. 교사와 학생 사이의 밀착된 상호작용과 소통에 기반한 '말하는 학습'이 유투엠 교실의 아이들에게 학습동기와 재미, 능동적 배움을 촉발하고 있는 것이다.

열린 상호작용으로 수업이 진행된다

유투엠 교실에서는 어디까지나 아이들이 학습의 주인공이다. 강의와 수동적 입력이 능동적인 참여와 표현으로 뒤집힌 '거꾸로 교실'이기 때문이다. 여기서는 학습자의 학습 동기와 자기 효능감이 촉진되고 높아진다는 점에 주목해야 한다. 높아진 동기와 효능감은 다시 자기주도성을 촉진하는 선순환 구조를 만들어낸다.

배움이란 본디 능동적인 질문과 답변이 오가는 과정에서 이루어지는 법이다. 뇌에서 배움이 촉발되는 수업은 자연스럽게 소란스러움과 움직임을 동반한다. 이것은 끊임없이 학생들이 수업에 참여하고 있다는 증거다. 뭔가를 이야기하고 설명하기 위해서는 친구의 이야기와 반응에 계속 집중해야만 한다. 질문에 답변하고 토론에 참여하기 위해서는 나의 뇌 속에서 뭔가를 끊임없이 생각해야 한다.

구시대 수업모델에서는 교사의 일방적 강의에 의해 수업이 진행되기 때문에 사실상 교사의 설명에 집중하고 반응하는 소수의 학생들만을 중심으로 수업이 진행될 수밖에 없었다. 대다수의 아이들은 수업에서 소외되어 차라리 잠을 자는 것이 소음으로 수업을 방해하는 것보다 더 낫다는 자조적인 교사의 푸념을 종종 들을 정도였다.

가끔 교사가 학생에게 질문하는 경우가 더러 있다. 하지만 공부 좀 한다는 몇몇 아이들만이 질문에 반응하는 '닫힌' 상호작용이 고작이다. 수업에서 소외되는 아이들 중에는 가끔 친구를 왕따시키는 일에 참여함으로써 자신의 존재감을 증명하려는 경우가 생기는 이유다.

플립러닝 유투엠의 수업에서는 아이들 모두가 능동적으로 수업에 참여하는 '열린' 상호작용으로 전개된다. 학생들의 자기주도적인 학습과 질의응답, 또래 친구와 가르침을 주고받는 협력학습, 팀별 토론과 발표 수업, 학생과 교사의 밀착된 1:1 코칭과 피드백으로 수업이 진행되기 때문에 매우 활발하고 열린 상호작용이 형성된다. 아이들은 적극적인 참여수업과 말하기를 통한 상호작용으로 능동적이고 주도적인 학습자로 자연스럽게 변화하게 된다.

중2만 되면 교실에서 사실상 절반의 아이들이 고개를 파묻고 있고 수업에서 소외되는 아이들이 왕따 문화를 주도하는 안타까운 현실에서 새로운 수업모델이 죽은 교실을 되살릴 수 있는 현실적인 대안이라고 생각하는 이유가 바로 여기에 있다.

"선생님의 수업을 일방적으로 듣기만 할 때는 졸리는 걸 참을 수 없고, 수업시간에도 집중이 잘 안 됐어요. 수업에 집중하려고 해도 금방 딴생각이 날 때가 많았는데, 유투엠 교실에서는 특별히 노력하지 않아도 딴생각이 나지 않고 공부에 집중할 수가 있어 수학공부가 재미있어요."

학생들을 대상으로 설문조사를 할 때마다 유투엠의 아이들은 수학공부가 재미있고, 수업 시간에 집중도 잘 된다는 반응을 쏟아낸다. 능동적인 학생참여 수업이 아이들의 수업태도를 자기주도적으로 바꾸고 학습동기를 촉진하여 수학공부의 재미를 선사하고 있다는 것을 말해주고 있는 대목이다.

기분 좋게 공부해야 감정의 뇌가 도파민을 분비하여 제대로 배운다. 지긋지긋한 공부가 아니라 즐거운 공부가 돼야 학습효과가 배가 되는 법이다.

아이들에게 꿈을 가지라고 설교하고 수학과목에 자신감을 가지라고 강요한다고 학습동기와 자기주도성을 갖는 게 아니다. 무엇보다 수업과 공부가 재미있어야 한다. 수업의 구조와 진행방식 자체가 아이들에게 재미와 몰입을 촉진할 수 있어야 한다.

수업에 적극적으로 참여하여 재미있게 공부하다 보니 몰입하게 되고, 몰입하다 보니 어려웠던 수학 개념이 쉽게 이해된다. 유레카! 어려웠던 수학의 개념이나 원리를 알게 되었을 때 느끼는 '지적 쾌감'이야말로 가장 강력한 내적 동기가 아닐 수 없다.

형식적인 측면에서 보면 간단한 것 같지만, 주입식 방식을 거꾸로 뒤집는 플립러닝 유투엠의 수업모델은 세계 최하위의 학습 동기와 흥미도를 가진 우리 아이들에게 공부의 재미를 선사하고 자기주도적 동기를 촉진하는 또 다른 강력한 장점을 가지고 있다는 점에 주목해야 할 것이다.

무너지는 교실을 되살릴 수 있다는 점에서, 우리나라 교육 문화를 근본적으로 혁신할 수 있다는 점에서 플립러닝이 가진 또 다른 가능성을 간과하지 말아야 한다.

교사의 역할을
다시 생각하다

배정문 (수원정자캠퍼스 교사)

유투엠의 말하기 수학 학습법으로 아이들을 가르친 첫날, 원장님은 선생님들에게 '학생들에게 알려주지 말라'고 당부하셨다. 수업을 하면서 학생들을 가르치지 말라니, 그동안 내가 해왔던 수업법에 정면으로 배치되는 방법이라 어리둥절했다. 플립 러닝에 대해 이해는 하고 있었지만 그 효과를 느껴보지 못했기 때문이었다. 모르는 문제를 가르치지 않고 진도를 나갈 수나 있을지 걱정이 앞섰다.

하지만 막상 수업에 들어가 보니 걱정은 그야말로 나만의 문제였다는 것을 알게 되었다. 개념학습을 통해 예습을 하고 온 아이들은 생각보다 문제에 대한 이해도가 높았다. 가벼운 단답형 질문부터 제법 생각을 해야 하는 서술형 질문까지 디딤 영상을 통해 알게 된 것을 잘 설명할 줄 알았다. 이어지는 또래 가르치기나 토론 및 발표, 거꾸로 설명하기 등의 시간에도 마찬가지였다. 아이들은 스스로 문제를 해결할 수 있는 능력이 있었고 남들에게 설명할 줄도 알았다.

물론 열이면 열, 모든 아이가 처음부터 잘 해내는 것은 아니다. 간혹 이해하기가 어려워서, 혹은 성격 때문에 무조건 '몰라요' 하며 고개를 돌리는 아이들도 더러 있긴 하다. 이럴 때 해답을 던져주고 싶은 마음이 불쑥 일어날 때가 있다. 직접 답을 알려주면 쉽게 해결되고 시간도 단축되어 더 많은 것을 알려줄 수 있지 않을까 하는 마음이 드는 것이다.

하지만 그 순간을 참고 개념을 짚어주면서 아이들 스스로 해결하도록 도와주면 모르겠다고 말했던 아이는 물론, 반 아이들 전체가 달라지는 게 눈에 보인다. 의자를 바짝 당겨 앉아 집중했고 스스로 해보려고 생각하기 시작한다.

선생님은 전달자가 아니라 조력자

선생님이 단번에 답을 설명해주거나 알려주면 그 순간은 금방 문제가 해결되어 시간이 단축되는 것처럼 보일 수 있지만 매번 그 과정이 반복되어야 한다. 또 아이들이 일방적으로 주입을 받는 수동적 입장에 머물 수밖에 없기 때문에 학습 의욕을 끌어올리기도 어렵다.

이에 비해 아이들 스스로 문제를 해결하도록 선생님이 돕는 역할만 하게 되면 일정 시간 이후에는 아이들의 학습능력이 폭발적으로 향상되기 때문에 결과적으로는 훨씬 빨리, 그리고 폭넓게 학습을 할 수 있다.

시험 기간 중에 문제풀이에만 집중하는 다른 학원의 교습법과 비교하여 유투엠 학습법으로 공부하는 것이 불리하지 않냐고 걱정하는 학부모님도 더러 있긴 하지만 결과적으로 유투엠의 아이들이 훨씬 좋은 성적을 내는 것도 이것 때문이다. 문제를 기계적으로 많이 푸는 것보다 확실하게 개념을 잡고 응용력을 기르는 것이 훨씬 효과적인 것이다.

아이들은 모두가 훌륭한 선생님이다. 자신이 아는 것을 친구들에게 잘 설명할 줄 알고 혹시 잘 모르는 것이 나와도 서로 머리를 맞대고 궁리해서 풀어나갈 줄 안다.

다른 학원에서 배울 때는 어려운 문제가 나오면 스스로 풀어볼 생각을 하지 않고 선생님에게 물어서 답만 알아갔던 아이들이 끙끙대며 직접 해결 방법을 찾아낸다. 그렇게 찾아낸 풀이법은 자신의 머리에 견고하게 기억되기 때문에 비슷한 유형의 문제를 만나면 절대 틀리지 않는다. 옆에서 도와주기만 해도 이전에 직접 가르칠 때보다 훨씬 더 효과적으로 학습을 진행할 수 있다는 것을 확실히 알게 되었다.

유투엠에서 교사인 나는 조력자 역할에 충실하고 있다. 하지만 수업에서 조력자 역할이 쉬운 것은 아니다. 반 아이들 모두가 골고루 발표하고 설명할 수 있는 기회를 주고 올바른 토론과 발표 습관을 가지도록 조정해주어야 한다. 수학 개념만을 설명하던 때와는 달리 아이들의 수업 참여까지 전반적으로 도와야 하기 때문이다.

하지만 유투엠 수업을 하면 할수록 아이들이 주도적으로 수업을 하고 스스로 깨쳐서 확실하게 배워가는 것을 목격하는 조력자가 선생님의 진짜 역할이라는 것을 분명하게 깨닫고 있다.

3장

'말하는 수학'은
플립러닝이다

01
지식 습득과 참여수업을 통합하다

최근 창의성을 강조하는 나머지 지식의 중요성을 무시하거나 지식의 습득이 필요치 않다는 식의 잘못된 관점과 논리들이 범람하고 있다. 창의적 인재의 중요성을 이야기하거나 지식의 활용능력 혹은 비판적 창의적 사고력을 강조하면서 많은 지식인들조차도 오해하고 있는 것 가운데 하나가 '정보 혹은 지식의 기억은 중요치 않다'는 것이다. 더 나아가 '지식 교육은 이제 필요치 않다'라고 서슴없이 말하는 논자들까지 나타나고 있다. 손에 있는 스마트폰이나 인터넷으로 필요할 때 언제든 지식을 검색하여 이용하면 된다고 생각한다.

"이제는 스마트한 '외장 두뇌'로 나의 생물학적 두뇌의 멍청함을 보완할 수 있는 시대다. 지식과 정보는 기하급수적으로 늘어나고 변화는 빛의 속도로 진행되고 있다. 이제 지식과 정보를 더 이상 불완전하기 짝이 없는 생물학적 두뇌 속에 입력하여 머리를 무겁게 만들고 다닐 필요가 없다. 지금은 기억이 아니라 검색의 시대. 이제 지식과 정보를 암기하거나 기억할 필요가 없고, 따라서 지식 교육은 더 이상 중요치 않다." 이것이 지식 교육의 무용성을 논하는 논자들의 핵심 메시지다.

물론이다. 인류는 스마트폰과 인터넷으로 생물학적 두뇌의 한계를 무한대로 확장하고 있는 시대에 접어들었다. 이제는 구태여 전화번호를 머릿속에 집어넣고 다닐 필요가 없다는 점에 동의한다. 인류는 외장 두뇌를 활용하여 생물학적 두뇌의 한계를 스마트하게 보완할 수 있는, 역사상 유례없는 시대를 맞이했다. 손가락으로 눌러 정보를 찾아보면 되는 시대라는 것은 부인할 수 없는 사실이다.

그렇다고 해서 정말로 지식의 기억이 중요치 않고 더 나아가 지식 교육이 불필요하다고 생각하는가? 검색의 시대라고 해서 지식의 기억이 쓸모없고 지식 교육이 중요치 않다는 논리는 참으로 위험하고 무지한 논리다. 문자가 처음 발명되었을 때도 아마 비슷한 생각을 한 인류의 선조들이 분명 있었을 것이다. 필요한 정보를 이제 나무껍질에 적어두면 되니 더는 머리를 무겁게 해서 사냥을 하는 데 거추장스럽게 할 필요는 없다고 말이다.

창의성과 지식

창의성이 갈수록 중요해지고 있는 시대에 우리가 살고 있는 것은 분명하다. 그러나 창의성이 중요하다고 해서 이에 비례하여 사실적 지식과 기억이 중요하지 않다는 말은 성립하지 않는다. 이러한 주장은 사실적 지식을 창의성 혹은 사고력과 서로 대립시키는 관점이라고 할 수 있다. 그러나 이러한 관점은 창의성이나 사고력도 두뇌 속에 있는 정보와 기억의 도움 없이는 나올 수 있는 게 아니라는 인지과학의 가장 기초적인 진리를 무시하는 것이다.

인간은 소재 없이 생각할 수는 없다. 비판적으로 생각하고 창의적으로 상상한다는 것도 생각과 상상의 소재가 있어야 한다. 생각과 상상의 소재는 머릿속에 축적하여 기억하고 있는 지식이다. 어떤 분야든 관련 배경지식이 없거나 부족하면 비판과 창의는 제대로 나올 수 없다.

창의성은 아무 것도 없는 빈 머리에서는 절대 나올 수 없다. 역사적으로 의미 있는 혁신을 창출해낸 창의성은 인류가 당대까지 축적해놓은 지식을 충분하게 습득하고 이해한 기반 위에서만 제대로 나올 수 있었다. 시대를 대표하는 물리학적 상상력이나 창의적 이론은 그 시대까지 누적된 물리학적 지식을 온전히 습득하고 이해하고 있는, 그 시대를 대표하는 물리학자들의 머릿속에서나 나올 수 있는 법이다. 학문의 창조와 발전은 선대 인류가 축적해놓은 지식의 성과를 디딤돌 삼아 거기에서 한 발짝 더 나아가는 것이다.

이런 의미에서 창조는 '거인의 어깨' 위에서만 진전될 수 있다. 제아무리 반짝이는 머리와 풍부한 상상력을 갖고 있더라도 물리학에 대한 초보적인 지식조차 이해하지 못하고 있는 어린 아이한테서는 새로운 물리학적 통찰이 절대 나올 수 없는 것이다. 창의성의 시대에도 지식과 지식 교육은 여전히 중요하다.

수학적 지식과 이해

위계적 계통성이 강한 수학에서는 단원의 기초가 되는 수학적 지식과 개념을 모르면 새로운 개념을 이해할 수가 없다. 수학 교과에서는 특히 기초 개념이나 지식이 매우 중요하다. 초중고 수학의 전체 개념들은 나선형의 계단식 위계 구조를 형성하고 있기 때문에 이전 학년에 나오는 기본 개념을 모르면 개념을 한 단계 더 높은 수준으로 확장시킬 수 없다. 기초가 부족하면 개념의 전이와 응용이 생길 수 없다. 그러한 의미에서 개념을 이해하고 더 높은 수준의 개념으로 확장시키기 위해서는 수학적 지식과 기본 개념을 학습자가 반드시 알고 있어야 한다.

어떤 것을 이해하는 데서 사전 지식은 매우 중요하다. 이해란 새로운 정보를 머릿속에 형성되어 있는 지식의 연결망 속에 놓는 것이다. 이해와 기억은 곧 뉴런의 연결이다. 뭔가를 듣고 이해했다는 것은 새로운 정보를 기존의 지식망 속에 성공적으로 연결시켰다는 의미다. 지식의 연결망이 빈약하면 이해력이 떨어진다. 새로운 정보를 입력하려 해도 이를 연결시킬 배경지식이 없어 연결지점을 찾지 못하기 때문이다.

2차 방정식을 공부하는데 1차 방정식이나 인수분해와 같은 식의 연산에 대한 기초지식이 없으면 수업을 따라갈 수 없다. 미적분은 고등학교 교과서에 논리적이고 분명한 문장으로 명료하게 설명되어 있지만 초등학생이 이해하기에는 무척 어렵다. 미적분을 이해하기 위해 필요한 배경지식이나 기초지식이 머릿속에 들어있지 않기 때문이다.

지식은 이해를, 이해는 지식을 필요로 한다. 일종의 순환이다. 인지 세계에서는 '빈익빈 부익부'라는 냉혹한 법칙이 작용한다. 아는 만큼 보이는 법이다. 배경지식이 부족하면 책장을 한 장 넘기기도 쉽지 않다. 지식이 많을수록 이해가 쉽고, 이해를 잘할수록 지식을 쌓기 쉬워진다. 공부는 바로 이러한 순환 속으로 들어가는 것이다. 공부하면 할수록 지식이 많아지고, 지식이 많아질수록 이해력이 좋아져 학습능력이 높아지는 것은 바로 이런 이유에서다. 공부를 하면 뇌가 점점 더 똑똑해지는 것이다.

지식 습득과 참여수업을 통합하다

플립러닝 유투엠의 수업모델을 지식의 습득을 경시하거나 무시하는 것으로 잘못 이해해서는 안 된다. 우리가 주입식 교육을 비판할 때 지식을 습득하고 학습하는 '방법'의 비효율성을 이야기하는 것이지 지식 습득의 필요성이나 중요성 자체를 부인하는 것이 아님을 분명히 알아야 한다. 학생 중심의 교육은 학습자 중심의 능동적인 배움으로 수업을 재편한다는 의미이지 지식 습득을 경시하거나 간과하는 수업 방식으로 오해해서는 안 된다.

플립러닝 유투엠이 기존에 다양하게 논의돼왔던 학생 중심 수업이론과 명백하게 다른 점은 예습을 필수화하는 수업구조에 있다. 유투엠을 처음 기획할 때부터 우리가 놓치지 않으려고 노력했던 것이 바로 예습이었다.

해당 단원의 기본 개념과 지식에 대한 습득과 이해 없이 학생 참여 중심의 수업을 진행할 경우 두 마리 토끼를 다 놓치고 말 것이라고 생각했다. 충실하게 예습을 진행하지 않으면 기본 개념에 대한 이해도 놓치게 하여 아이들의 머리를 텅 비게 만들고, 기본 개념과 지식을 이해하지 못한 채 섣부르게 진행하는 참여 수업은 머릿속에 아무 것도 남는 게 없는, 쓸모없는 활동으로 시간만 허비하기 십상일 거라고 생각했다.

기본 지식의 습득과 이해는 매우 중요하다. 기본 지식과 개념을 놓치게 해서는 학생참여 수업이 기대한 대로 이뤄질 수 없다. 유투엠에서 1교시 예습시간의 중요성을 강조하는 이유가 바로 이것이다. 개념을 제대로 이해하지 못한 채 참여수업을 진행한다면서 아이들에게 섣부르게 말하기를 강요하는 것은 위험하다. 개념조차 이해하지 못한 아이가 무언가를 말로 설명하고 토론하는 학습 활동에 제대로 참여할 수 있겠는가.

플립러닝 유투엠은 지식의 이해를 예습을 통해 해결함으로써 교과지식을 놓칠 수 있다는 위험을 근본적으로 해결하는 수업구조다. 디딤 영상을 통해 교과지식에 대한 이해가 수업 전에 이뤄짐에 따라 교실에서 참여활동 수업을 하면서도 그 기반이 되는 교과지식을 놓치지 않는 수업 방식인 것이다.

우리는 두 마리 토끼를 모두 잡아야 한다고 생각한다. 기본적인 지식의 습득도 놓치게 해서는 안 된다. 수학적 지식과 개념에 대한 충분한 습득과 함께 사고력, 문제해결 능력, 창의력, 협업 능력과 같은 21세기 핵심역량을 함께 기를 수 있는 학생 중심 참여수업을 융합하는 수업이 대안적 수업모델이 될 수 있고 돼야만 한다.

오히려 유투엠은 기존 방식보다 수학적 지식과 개념에 대한 이해가 더욱 깊이 이뤄지는 수업모델이다. 예습을 통해 1차적으로 습득한 개념을 본 수업시간 내내 질문수업을 통해 확인하고, 문제풀이를 통해 개념의 확장과 응용을 점검하며, 깊은 이해를 위해 부족한 부분에 대해 개인별로 피드백을 주는 수업이다. 교사가 일방적으로 진행하는 개념 설명을 듣고 난 후 집에서 문제풀이를 하면서 개념의 적용과 응용을 혼자 연습했던 방식보다 그것을 교실에서 교사와 함께 진행하는 수업이 수학적 지식과 개념을 더 훨씬 깊이 있게 이해하는 수업이란 건 분명하다.

플립러닝에서의 학생 중심 참여수업은 탄탄한 지식의 습득과 이해 위에서만 가능하다. 사전학습을 통해 기본 지식을 충실하게 이해하게 하는 플립러닝의 수업구조가 교실 현장에서 학생참여 활동을 실제로 활발하게 적용할 수 있는 기반을 마련해주고 있는 것이다.

바로 이러한 수업 구조가 이상적으로 회자되어 온 학생 중심의 수업 방식을 실제 교실 수업에서 쉽게 구현할 수 있는 모티브를 제공해준다는 점에서, 플립러닝 유투엠은 현실적으로 실현 가능한 대안적 수업 모델로서의 성격을 갖는다. 요컨대, 유투엠은 지식 학습과 학생 중심의 참여 학습을 유기적으로 통합한 수업모델이라고 할 수 있다.

02
학생 중심 참여수업이다

플립러닝을 적용한 유투엠 수업은 본 수업 전에 예습이 충실하게 이뤄져야 가능하다. 이러한 예습이 가능한 것은 학습자들이 언제 어디서나 쉽게 학습을 할 수 있는 디지털 영상과 이를 구동하는 온라인 학습 프로그램이 뒷받침되기 때문이다.

사전 예습 동영상은 교실 수업의 방식을 바꾸는 도구적 역할을 담당한다는 점에서 플립러닝을 구성하는 디딤돌 역할을 한다. 플립러닝에서 사용하는 예습 동영상을 '디딤 영상'이라고 칭하는 것도 바로 이러한 이유에서다.

학생 중심 참여수업이 핵심이다

플립러닝 유투엠은 디딤 영상을 구동하는 온라인 학습 프로그램과 학생참여 중심 수업이라는 두 가지 축을 중심으로 구성되는 수업이다. 디딤 영상을 탑재한 온라인 프로그램은 예습을 효과적으로 진행할 수 있게 하는 장치라는 점에서 새로운 수업모델이 가능하게 만드는 중요한 기술적 수단이다.

플립러닝 수업모델이 등장할 수 있었던 것은 기본적인 지식의 전달이 디지털 개념영상과 온라인을 통해 수업 전에 이뤄지는 것이 가능하게 된 시대적, 기술적 변화에 힘입은 바가 크다.

그러나 새로운 수업모델에서 학습 동영상이나 온라인 학습 프로그램은 본질이 아니라 어디까지나 새로운 혁신적인 수업을 진행하기 위한 기술적 수단이자 보조적 장치라는 점을 잊지 말자. 예습 동영상과 온라인 플랫폼은 교실 수업을 전환하기 위한 디딤돌 역할을 하는 것이지 그 자체로 오프라인의 대면 수업을 대체하는 것이 결코 아니다. 흔히 말하는 '인강'과 유투엠의 온라인 디딤강의가 본질적으로 다른 지점이다.

플립러닝 유투엠의 핵심적인 차별성은 기술이 아니라 수업 방식에 있다. 곧 주입식 수업모델을 거꾸로 뒤집은 '학생 중심 참여

수업'이야말로 새로운 혁신적 교육모델인 유투엠 수업의 본질이고 핵심이라고 할 수 있다.

최근 전 세계적으로 교육에 디지털 기술이 광범위하게 접합되고 있다. 대표적인 것이 무크(Mooc)다. 이미 전 세계에서 수천만 명이 코세라(Cousera)나 에텍스(Edex)와 같은 온라인 학습사이트에서 세계 최고 석학의 강의를 무료로 수강하고 있다.

바야흐로 교육에 디지털 혁명이 본격화되고 있다. 구텐베르크의 인쇄혁명이 인류의 문명을 구술문화에서 문자문화의 시대로 옮겨놓았듯이, 디지털 혁명은 시간과 공간의 제약에서 벗어날 수 없었던 구텐베르크 방식을 시공을 초월한 유비쿼터스 방식으로 지식의 전수와 소통의 방식을 바꾸었다. 인류는 문자시대를 넘어서 융복합적인 영상과 콘텐츠를 광속으로 유통시키면서 지식과 정보를 전달하고, 학습을 수행하는 시대로 진입하였다. 교실 수업에서 디지털과 온라인을 오프라인 수업과 결합시킨 블렌디드 러닝이 표준이 되는 시대가 되었다.

변화는 그야말로 빛의 속도로 진행되고 있다. 디지털을 넘어 인공지능이 '사람' 교사를 대체하고 있다. 미국 애리조나주립대(ASU)는 수학과 생물학 등의 과목에 인공지능이 학생 개인의 능력과 특성에 맞추어 최적의 학습 경로를 찾아 제공해주는 지능형 '맞춤학습(adaptive learning)'을 도입하여 6만여 명 학생들의 학업 성과를 크게 향상해 교육계의 이목을 집중시키고 있다.

인류의 지성사는 종이에서 디지털 시대로, 디지털에서 인공지능의 시대로 재빠르게 이동하고 있다. 지식을 전달하고 티칭하는 능력으로 따지자면 '사람' 교사가 '인공지능' 교사를 이길 수 없는 시대가 조만간 당도할 것이다. 암기와 이해의 역량을 키워주는 데서는 인공지능을 활용한 지능형 맞춤형 학습과 같은 '하이테크' 학습이 '사람' 교사의 티칭방식을 압도하게 될 것이다.

그러나 교육이 지식의 암기와 이해의 영역만을 다룰 순 없다. 인지영역에서도 지식의 적용, 분석, 평가, 창조와 같은 고차원적 사고 역량을, 그리고 소통과 협업능력과 같은 사회적 감성적 역량을 통합적으로 키우는 교육으로 나아가야 한다. 비판적 창의적 사고 역량과 소통하고 협력하는 사회적 감성적 역량을 키우는 '하이터치' 학습은 기계가 대신해줄 수는 없다. 그것은 어디까지나 영혼과 감성을 가진 '사람' 교사가 담당해야 할 영역이다.

'기술'은 결코 '교육'을 온전하게 대체할 수 없다는 것이 우리의 믿음이다. 물론 교육에서 기술은 회피 대상이 아니라 적극적으로 수용해야 할 대상이다. 교실에 컴퓨터와 인공지능이 융합되는 블렌디드 러닝은 피할 수 없는 역사의 대세다. 교실수업에 기술이 결합되면 학습자 개개인의 배움을 보다 완전하게 지능형 맞춤식으로 완성할 수 있다. 그러나 어디까지나 교육이 본질이고 기술은 수단일 뿐이라고 우리는 생각한다.

오히려 디지털과 인공지능이 교육에 접목되면서 기존에 사실적 지식의 전달과 티칭에만 머물렀던 교실수업을 혁명적으로 전환시킬 수 있는 기술적 조건을 마련해주고 있다고 볼 수 있다. 지식의 기억과 이해의 영역은 인공지능 디지털 기술을 활용한 예습으로 대체하고, 교실에서는 고차적 단계의 학습목표인 지식의 적용, 분석, 비판적 평가, 창의적 사고와 같은 고등사고력을 키우는 데 집중할 수 있는 가능성을 열어주고 있는 것이다.

주입식 교육 방식을 거꾸로 뒤집어 학생 중심 참여수업을 전면화 시킨 데 유투엠의 독창성과 혁명성이 있다. 플립러닝 유투엠의 핵심적 차별성은 바로 학생 중심 참여수업에 있다. 높은 수준의 수학적 사고능력을 키우면서 동시에 21세기 핵심역량을 길러주는 하이터치 학습으로 나아가자는 것이 유투엠이 추구하는 교수학습 철학의 근간이자 유투엠의 교육적 이상이다.

구시대 수업모델은 아이들에게 끊임없이 수동성을 강요한다. 무대의 주인공은 교사이고, 학생은 언제나 객석의 구경꾼이다. 교실은 능동적인 출력학습이 아니라 수동적인 입력학습으로 채워진다. 호기심과 창의 대신 무관심과 암기를 배우느라 우리 아이들은 세계 최장 시간의 공부 '노역'을 감수하고 있다.

아침부터 밤늦게까지 이어지는 수업시간을 아이들은 침묵과 멍 때림, 졸음과의 싸움으로 채워 넣어야만 한다. 마치 교육이 아니라 지루한 시간을 버텨내는 인내심을 기르기라도 하는 것처럼 말이다.

관습에서 벗어나 학생 중심 참여수업으로

플립러닝 유투엠은 이러한 구시대 수업모델의 문제점을 전면적으로 혁신한 것이다. 유투엠에서는 어디까지나 학생이 학습의 주인공이다. 수업에 능동적으로 참여하여 학습을 주도하는 자는 어디까지나 학생이다. 학생이 중심이 되는 학생 참여수업에서는 아이들이 분주하다. 그들의 뇌는 끊임없이 생각을 끄집어내느라 계속 바쁘다. 토론에 참여하고 친구에게 설명할 내용을 머릿속에서 구조화하느라 집중력을 잃고 멍해질 틈이 없다

유투엠 교실에서는 질문에 답변하기 위해 아이들의 뇌가 계속 생각해야 한다. 개념을 설명하고 문제풀이 전략을 세우기 위해 생각을 계속 꺼내야 한다. 또래 친구 간의 상호작용과 협력이 권

장된다. 협력하고 토론하는 공부는 뉴런의 연결이 끊어지지 않게 하여 지식을 장기기억화 한다. 동료와 집단적으로 만들어낸 생각은 뇌리에 꽂혀 시간의 흐름을 거슬러 살아남는 것이다. 학생 중심 참여수업, 곧 '말하기'를 통해 생각을 꺼내고 소통하는 공부가 아이들이 제대로 배움을 얻고 미래 역량을 키워주는 진정한 공부라고 우리는 확신한다.

우리의 희망과 달리 교육현장에서는 아직도 집단적 전달식 강의 방식의 프러시아 모델이 맹위를 떨치고 있다. 학생들은 여전히 수업을 강의듣기라고 여기고, 교사들 또한 강의 이외에 다른 수업 방법을 잘 모른다. 변화를 가로막고 있는 것은 거대한 관습의 힘이다. 200여 년 전에 만들어진 구시대의 교육모델을 의문 없이 당연한 것으로 받아들이는 관습의 벽이 너무 높다.

관습과 제도는 사람들의 사고를 가둔다. 사람들은 기존에 존재하고 있는 관습적 체제가 필연적이고 당연한 것이라고 생각한다. 기존과 다른 방식이 있을 수 있다는 생각 자체를 하지 못한다. 그것이 더는 제대로 작동하지도 않고 쓸모없게 된 게 분명해졌는데도 말이다.

영국의 철학자이자 경제학자인 존 스튜어트 밀은 "관습의 횡포는 어디서나 인류의 발전을 가로막는 항상적인 방해물이다"고

했다. 아이들이 교실에서 진정 배움을 얻는 공부를 위해, 그리고 아이들의 미래역량을 성장시키는 교육을 위해 이제는 '관습의 횡포'에 맞서야 하지 않겠는가.

우리 아이들은 이대로 가도 정말 괜찮은가? 교육을 담당하는 사람이라면 가슴 한가운데 항상 품고 있어야 할 질문이다. 진정으로 아이들의 미래를 생각한다면 침묵과 암기, 불통과 경쟁을 강요하는 교육을 중단해야 한다. 생각하는 힘을 키우는 학생참여 중심의 능동적인 배움으로 교실 수업을 바꾸는 것이 미래교육이 나아가야 할 방향이다. 구시대 교육모델을 이제는 중단해야 할 때가 왔다. 시대가 변했다는 것은 분명하지 않은가.

물론 교육을 바꾸는 문제는 그렇게 간단한 문제가 아닐 수 있다. 여러 가지 현실적인 측면들이 복잡하게 얽혀있는 게 교육 문제라는 것을 잘 알고 있다.

그러나 우리는 교실 수업을 바꾸는 데서부터 꼬인 실타래를 풀어야 한다고 생각한다. 이것저것을 다 고려하면 행동할 수 없다. 일단 수업 방식부터 바꾸고 보자. 복잡하게 얽혀있는 교육 문제를 쾌도난마(快刀亂麻)처럼 풀겠다는 결단이 필요하다. 고르디우스의 매듭을 단칼에 잘라버린 알렉산더처럼.

분위기가 다른 교실
양방향 소통하는 교실

윤형식 (파주운정캠퍼스 부원장)

처음 말하는 수학을 소개했을 때 아이들이 무척이나 당황해하던 모습이 생각난다.

"그냥 선생님이 설명해주세요."

"왜 제가 해요?"

"꼭 말로 해야 하나요?"

쉬는 시간만 되면 난리를 피우는 녀석들이 수업시간에 말을 하라고 하니 다들 어찌할 바를 모르고 입을 열려고 하지 않았다.

발표 수업을 시켜도 어수선하니 제대로 되는 것 같지가 않았다. 솔직히 처음에는 학생들이 잘 모르는 것 같으면 선생님도 기다리지 못하고 얼른 설명을 해주는 일이 있었다. 그동안은 당연히 선생님이 설명하고 아이들은 앉아서 듣기만 했으니 그 틀에서 단번에 벗어날 수가 없었던 것이다.

하지만 워낙 조잘조잘 친구들과 떠들기 좋아하는 나이이기 때문인지 아이들은 금방 적응하기 시작했다. 선생님들도 유투엠 방식은 학생이 주인공이 되어야 한다는 데 깊이 공감하면서 질문하고 기다리는 일에 익숙해져 갔다.

개념 강의 예습을 듣고 본 수업에 들어가기 때문에 질문에 대답하기가 어렵지 않다는 것을 아이들이 금방 깨닫게 되었고, 누군가 자신의 생각을 조리 있게 이야기하면 시샘하듯 서로 그렇게 잘 설명해보겠다고 머리를 쓰는 게 눈에 보였다. 왜 자기가 해야 하냐고, 꼭 말로 해야 하냐고 했던 아이들이 말을 하겠다고 손을 번쩍 들게 된 것이다.

능동적으로, 적극적으로 변한 아이들

발표하는 게 익숙해질수록 아이들은 적극적이고 능동적으로 변하기 시작했다. 서로 자기가 해보겠다고 나서기 시작한 것이다.

"재미있어요!"

"신이 나요!"

처음 학원에 상담하러 올 때 수줍어서 눈도 제대로 맞추지 못했던 아이들이 경쟁하듯 손을 드는 것을 보게 된 어느 날 이유를 물었다. 처음에는 자기가 말하는 게 정답이라고 하니까 신기하기도 했는데 계속 맞추다 보니 어느새 자신감이 생겼다고 한다. 특히 친구들에게 설명해주는 게 좋다고 했다. 재미도 있고 설명하면 할수록 자기 머릿속에도 잘 들어온다면서 활짝 웃는 모습이 어찌나 예쁘던지.

아이들은 그렇게 교실의 주인공이 되어갔다. 항상 선생님의 설명을 조용히 듣기만 했을 아이들은 유투엠의 말하기 수학을 만나면서 교실을 시끌벅적하게 바꾸어 놓았을 뿐 아니라 그 속에서 자신감을 쑥쑥 키우게 되었다.

아이들은 일방적인 주입식 교육에서 벗어나 선생님과 친구들이랑 어울려 소통하며 배워나갔다. 말 그대로 양방향 수업을 하게 된 것이다.

유투엠의 '말하는 수학'은 하나부터 열까지 철저하게 아이들의 성장과 발전을 이끌어주는 학습 프로그램이라고 생각한다. 특히 그동안 수업시간에 수동적일 수밖에 없었던 아이들이 적극적으로 수업을 이끌어 가도록 설계되어 있기 때문에 학습에 재미를 붙이는 것은 물론 자신감을 고취시킬 수 있는 면에서 아주 탁월한 학습법이다.

시스템 자체가 확실하게 잡혀 있기 때문에 수업 현장에 적용하는 게 용이하고 하루 이틀 적응기를 거치면 아이들이 달라지는 것이 눈에 보인다. 머뭇거리던 아이들이 발표를 하겠다고 손을 들고, 조리 있게 차근차근 자기주장을 펼치며 토론을 하고, 친구들에게 설명을 해주며 같이 까르르 웃는 모습을 지켜보는 것이 얼마나 즐거운지 모른다.

03
4가지 말하기 **학습전략**이 있다

플립러닝 수업모델에 기반한 유투엠에서는 지식전달 위주의 강의가 예습으로 빠진 대신 학생들이 능동적으로 참여하여 생각을 꺼내고 말하는 수업이 전면적으로 확대된다. 한마디로 '말하는 수학'이다.

질문과 토론, 말하기가 중요하다. 말하기는 곧 생각이다. 아이들은 질문하기 위해 생각하고, 질문에 답변하기 위해 또 생각한다. 답변하는 과정 또한 생각의 표현이다. 토론에서 생각을 꺼내기 위해서는 두뇌를 격렬하게 움직여 계속 생각해야 한다. '말하는 수학'은 '생각하는 힘'을 키우는 공부법이다.

유투엠의 플립러닝은 다른 말로 '거꾸로 학습법' 혹은 '말하기 학습법'이라고도 부른다. 기존의 수학공부 방식이 교사가 학생을 상대로 주입하고 전달하는 식이었다면, 유투엠은 이를 뒤집어 거꾸로 학생이 설명하고 질문하고 답하기를 통해 문제를 푸는 방식이라고 하는 데서 이렇게 불리고 있다.

유투엠에서는 4가지 말하기 학습을 교실 수업에 통합하여 학생 중심 참여수업을 활성화시키고 있다. 4가지 말하기 학습전략은 ① 질문수업, ② 또래 가르치기, ③ 거꾸로 설명하기, ④ 토론과 발표 수업으로 구성된다.

질문수업

'질문수업'은 학생과 교사, 또는 학생들끼리 질문하고 답변하는 수업 형식이다. 배움이란 질문과 답변이 오가는 과정에서 제대로 일어나는 것이라는 점에서, 질문수업은 특히 교사가 호기심을 촉진하고 학생들을 학습 과정에 몰입시키는 데 효과적인 수업 방식이다.

유투엠에서는 예습 과정에서 습득한 개념에 대해 제대로 이해했는지 묻고 답하는 방식으로 진행하기도 하고, 문제를 풀면서 문제에 적용된 개념이나 응용된 개념이 무엇인지에 대한 학생들의 생각을 묻는 수업이기도 하다.

학생들의 이해도를 파악하여 적절한 피드백을 주는 데서 질문의 역할이 정말 크다. 질문해보면 안다. 아이들이 답변하는 걸 들어보면 교사는 그들의 뇌 상태를 스캔하듯 아이들의 이해도를 파악할 수 있다. 질문에 논리적으로 분명하게 답변하면 잘 알고 있는 거다. 답변에 힘이 없고 두서가 없으면 잘 모르고 있다는 거다. 아이들의 답변을 통해 이해 여부를 파악하여 필요한 피드백을 적시에 제공해줄 수 있다는 것이 질문수업에 숨어있는 힘이다.

질문은 생각을 촉진한다는 점에서 특히 중요하다. 질문하면 답변하기 위해 아이들은 '생각'한다. 답변을 머릿속에서 준비하고 실제 답변하는 과정에서 학생들은 자기 생각을 다시 정리하고 궁리한다. 질문은 호기심과 생각을 불러오지만, 질문을 멈추면 아이들은 생각하기를 멈춘다.

학생들이 수업에 몰입하여 끊임없이 생각하게 하려면 좋은 질문을 계속해서 던져 지적 호기심을 불러일으키고 생각을 자극해야 한다. 교사는 창의적 생각을 끌어내기 위해 관점을 바꾸고 뒤집어서 생각해 볼 수 있도록 창의적 질문 과제를 던질 수도 있다. 주제에 대해 비판적 사고를 확장할 수 있도록 '왜'에 대한 근본적 성찰을 이끌어내는 질문을 할 수도 있다. 고대 그리스의 소크라테스가 사용한 질문수업 방식은 아이들의 집중력과 사고력을 높이는 매우 훌륭한 말하기 학습법이다.

또래 가르치기

'또래 가르치기'는 두 사람씩 짝을 지어 문제풀이 방식을 서로 공유하거나 친구를 도와 어려운 문제를 해결할 수 있도록 도움을 주는 방식의 말하기 학습법이다. 이 방식은 유투엠에서 예습한 기초 지식이나 개념을 제대로 이해하고 있는지를 점검하는 데 매우 효과적으로 사용하고 있다. 친구끼리 짝을 지어 서로 질문을 통해 개념을 확인하거나 기초적인 문제를 함께 해결하는 방식으로 진행한다. 학습한 개념과 원리에 대해 서로 묻고 가르치기를 하거나 문제풀이를 완료한 후 틀린 문제를 서로 가르쳐주는 방식으로도 활용한다.

전 세계적으로 뛰어난 성공을 거두는 비결로 주목받고 있는 유대인들의 하브루타 교육법도 친구끼리 짝을 지어 설명하고 대화하고 토론하는 공부 방식이다. 일종의 또래 가르치기 혹은 또래 협력학습이라고 할 수 있다.

아이들은 서로 설명하고 가르치면서 친구를 도와주는 것이지만, 사실은 자기 공부를 하는 것이다. 설명하면서 확실하게 알게 되는 효과가 나타나기 때문이다. 입력된 지식과 정보는 다시 출력하여 언어로 표현하는 과정을 거쳐야 망각에서 살아남는다. 말로 설명해보게 하는 것은 배운 것을 확실하게 이해하고 오랫동안 기억하게 만드는 최고의 공부법이다. 학생은 자신이 알고 있는 것을 친구들에게 설명하며 자신감을 얻고, 설명을 듣는 학생 또한 동료 학생의 설명에 자극을 받아 더욱 선명하게 그날의 학습 내용을 파악하게 된다. 또래의 눈높이와 언어로 설명하기 때문에 더 쉽게 이해할 수 있다.

거꾸로 설명하기

'거꾸로 설명하기'는 문제풀이 시간에 주로 사용하는데, 학생이 문제를 푼 후 교사에게 거꾸로 설명하는 '말하기 공부법'이다. 문제에 적용된 개념을 설명하기도 하고, 문제의 해결전략을 설명하기도 한다. 거꾸로 설명하기는 아이들이 틀린 문제를 스스로 다시 풀게 하거나 교사의 도움을 받아 해결한 후 문제해결 과정을 학생이 거꾸로 교사에게 설명하게 하는 방식으로 주로 사용한다. 아이들은 문제를 선생님에게 설명해야 하므로 더욱 집중해서 궁리하게 되고 설명하는 과정에서 확실하게 다시 각인시키는 효과를 얻는다.

어떤 것을 '이해'하지 않고서는 설명할 수 없다. 학습한 내용을 제대로 이해했는지 혹은 뭔가 부족한 부분이 있는지를 학습자가 알 수 있는 방법은 배운 지식을 밖으로 꺼내보면서 스스로를 모니터링하는 것이다. 배운 지식을 막힘없이 출력하여 제대로 설명할 수 있다는 건 확실하게 알고 있다는 의미다. 그러나 설명이 어딘가 매끄럽지 않고 명료하지 않은 것은 아직 모르고 있거나 어설프게 알고 있다는 뜻이다.

교사 입장에서도 학습자의 이해상태를 파악할 수 있는 방법은 학습자가 배운 내용을 출력해보게 하는 것이다. 배운 지식을 직접 말로 설명하게 하는 것보다 더 정확하게 학습자의 인지상태와 이해도를 파악할 수 있는 방법은 없다.

설명을 잘못하고 있거나 얼버무리고 있으면 아이가 제대로 이해하지 못한 부분이 있다는 것이다. 교사는 바로 그 막히는 지점을 잡아내 아이가 다시 정확하게 이해할 수 있도록 추가적인 설명이나 피드백을 제공한다. 거꾸로 설명하기는 학생들이 공부한 내용을 완전하게 이해하게 하는 효과적인 학습법이지만, 교사에게도 학생의 이해상태를 파악하여 맞춤식으로 피드백을 줄 수 있는 최고의 교수법이다.

토론 발표 수업

토론과 발표 수업은 사고력 문제와 서술형 문제를 중심으로 진행된다. 팀별로 협력해서 문제를 해결하고 친구들 앞에서 발표, 토론하는 방식이다. 나와 다른 방식의 풀이방법을 확인할 수도 있고, 더 좋은 방식의 해결전략이 있으면 누구든 나와서 발표하게 하여 학생들의 창의력을 촉진시킨다. 교사는 큰 흐름 안에서 토론이 학습 내용의 범위를 벗어나지 않도록 조정할 뿐 모든 활동은 학생들이 주도한다.

토론과 발표 수업은 학습한 개념을 심화하고 응용하는 데서 팀별 '협력'을 바탕으로 진행하는 말하기 학습법이다. 최근 주목을 받으면서 논의되고 있는 프로젝트 학습이나 문제기반 학습도 사실 동일한 원리다. 조별로 팀을 짜 문제를 해결하는 과정에서 서로 다른 다양한 생각이나 의견을 모으고 소통하는 방식으로 창의적 사고 활동이나 응용 활동을 전개할 수 있다.

팀별로 협력하여 토론하고 발표하는 방식이라는 점에서 토론 발표는 창의력뿐만 아니라 팀원 간 협력과 의사소통 능력을 함께 키우는 수업 방식이다. 다양한 배경의 서로 다른 학생들이 함께 서로 돕고 소통하는 공부를 통해 동료들과 관계 맺는 법과 경청하고 소통하는 능력을 자연스럽게 키우는 수업이다. 서로의 차이를 인정하고 서로의 생각을 존중하면서 함께 문제를 협력하여 해결해 나가는 과정에서 협력적 문제해결 능력을 키울 수 있는 '말하기 학습법'이다.

'말하는 수학'은 최고의 수학 공부법이다

말하기가 뇌에 입력된 정보를 장기기억화 시킨다는 뇌과학의 연구 성과를 바탕으로 '소리 내어 생각하기(Thinking aloud)' 공부법을 창안한 수잔 디렌데 교수는 "자기의 생각을 말로 표현하면 모르는 것들이 명확해진다"고 말한다. 그녀는 "논리적인 말이 아니라도 좋다. 뭐라도 말을 하라. 그러면 점점 더 명확해진다"며 말하는 공부법의 중요성을 강조한다. 말하는 공부가 학습자의 메타인지를 키운다는 점을 강조한 말이다.

학습효과를 높이기 위해서는 아이들이 입을 열어 말을 하게 해야 한다. 배운 것을 설명하고, 친구를 가르쳐주고, 토론하고 발표하는 기회를 줘라. 생각을 꺼내 말로 표현하는 과정에서 지식이 장기기억으로 남고 메타인지가 작동하여 학습효과를 높인다.

무엇보다 뇌가 가장 잘 배우는 방식의 수학 공부법이 '말하는 수학'이다. 말을 하면 뇌가 제대로 배운다. 논리적이지 않아도 좋다. 생각과 지식을 꺼내 말로 표현하면 뇌가 스스로를 모니터링하면서 모르는 것을 잡아낸다. 모르는 것을 파악해낼 수 있기 때문에 가장 효과적으로 공부할 수 있다. 메타인지 능력이 커져 공부를 잘할 수 있게 된다.

'말하는 수학' 학습법은 수학 성적을 향상하는 데도 강력한 힘을 발휘하는 공부다. 최고의 학습 성과를 내는 최고의 공부라고 감히 단언할 수 있다.

04
완전학습 시스템을 구현하다

학습내용을 완전하게 이해하여 자기화하는 방법은 예습과 복습을 빈틈없이 진행하는 것이다. 예습을 통해 그날 학습할 내용의 핵심 개요를 개관한 후 수업에 참여하고, 수업이 종료한 후 다시 복습까지 완성하면 그날 배운 학습내용을 보다 완벽하게 자기 것으로 만들 수 있다는 것은 당연하다. 그러나 책임감과 자기주도성이 뛰어난 학생이 아니고서는 예습과 복습을 빈틈없이 수행한다는 것이 쉽지 않은 게 아이들의 현실이다.

　유투엠에서는 예습과 복습을 아이들의 자발성에 내맡기지 않고 아예 처음 학습 프로그램을 설계할 때부터 예습과 수업, 복습이 긴밀하게 통합되는 수업 구조를 생각해냈다. 그렇게 해서 나온 것이 '예습-수업-복습'이 삼위일체를 이루는 유투엠의 완전학습 모델이다.

불완전학습을 완전학습으로 뒤집다

구시대 교육모델은 교실에서 기본 개념과 원리를 설명하는 데 시간을 다 쓰고 나면 정작 중요한 익힘의 과정을 확보할 수 없다는 문제점을 갖고 있었다. 주입식 수업에서는 배우는 과정이 위주고 익히는 과정은 턱없이 부족하다. 수업시간이 교사의 설명으로 꽉 차버린 나머지 배운 내용을 익히는 과정은 비집고 들어설 틈이 없다. 교사는 가르치고, 학생은 계속 듣기만 한다. 교사주도의 가르침(Teaching)만 있고 학생의 머릿속에서 진정한 배움(Learning)이 일어나지 않는 수업인 것이다.

가르침의 과잉은 곧 익힘의 부족을 뜻한다. 배우고 나면 그것을 익히는 데 시간과 노력을 들여야 하는데, 진도의 압박 때문에 교사의 '친절한' 설명이 익힘을 대체한다. 교사의 설명이 친절하게 많을수록 역으로 아이들은 익힐 시간을 더 많이 빼앗긴다. 학생들의 뇌가 익힐 틈을 주지 않고 강의와 전달로 수업이 끝나는 구조다. 기존의 전통적 수업모델은 한마디로 교실 수업에서 배움이 온전하게 일어나지 않는 '불완전학습' 모델이었던 것이다.

익힘이 없는 전통적 모델에서 '불완전학습'을 보완하기 위해 숙제라는 시스템이 등장했다. 교실에서는 설명을 듣기만 했으니까 집에서 연습문제를 풀면서 익혀오라는 거다. 교실에서는 가르침과 입력이, 집에서는 익힘과 출력이 진행되는 수업 구조다.

문제풀이 연습과 익힘을 숙제로 내주지만, 익힘의 과정을 혼자 충실하게 수행하여 학습내용을 온전하게 자기화하는 아이들은 많지 않다. 아이들은 대체로 텅 빈 상태에서 숙제를 해야만 한다. 숙제를 하면서 모르는 문제가 나와도 딱히 해결할 방도가 없기 때문이다.

실상 숙제로부터 아이들이 얻는 것은 주로 좌절감과 무책임성이다. 덤으로 수면 부족까지. 익힘의 과정에서는 내가 무엇을 알고 무엇을 모르는지 파악하고 모르는 것을 피드백을 통해 알고 넘어가는 것이 중요한데, 학생들은 내가 무엇을 모르는지조차 알 수 없는 상황에서 문제풀이를 끝마쳐야 한다. 일종의 '깜깜이 숙제' 시스템이다. 익힘을 온전하게 진행하여 배움을 완성하는 것 자체가 쉽지 않은 학습구조다. 학습의 필수적 한 축인 익힘의 책임을 아이들에게 전가시키는 무책임한 학습 프로세스가 아닐 수 없다. 명백한 '구조적 불완전학습'이다.

더구나 숙제로 내주는 문제는 보통 아이들이 혼자 해결하기에 벅찬 경우가 많다. 기본 개념과 문제풀이 예시 몇 개를 교사가 설명해주고 나머지 응용, 심화, 추론 문제를 숙제로 떠넘기는 게 일반적이기 때문이다. 쉬운 걸 교사와 함께하고 어려운 문제를 아이 혼자 해결하도록 숙제로 내주다니! 더구나 집에서는 모르는 문제가 있을 때 제대로 도움을 받을 수도 없는데 말이다. 뭔가 잘못됐다는 생각이 들지 않는가.

플립러닝 유투엠 모델에서는 아이들이 이해하기 쉬운 개념이나 기본 문제는 사전에 예습으로 마무리한 후, 교실 수업에서는 기존에 숙제로 내주었던 응용, 추론, 심화 문제까지를 교사와 함께 해결한다.

물론 숙제가 전혀 없을 수는 없다. 아이들이 제대로 이해하지 못한 부분이 생기거나 추가적인 학습이 필요하다고 판단될 경우 학생 개인별 맞춤식으로 혹은 전체적으로 숙제를 부과하는 것은 여전히 필요하다. 그러나 분명한 건 아이들이 제대로 소화할 수 없는 숙제를 주면서 불완전학습의 책임을 아이들에게 전가시키는 방식은 아니라는 것이다.

우리는 기존과는 반대로 뒤집힌 수업 프로세스가 '정상적인'

수업모델이라고 생각한다. 쉬운 걸 학생 스스로 하게 하고, 어려운 걸 교사와 함께하면서 필요한 부분에 피드백을 제시해주는 것이 아이들이 보다 완전하게 학습을 끝낼 수 있는, 지극히 정상적인 학습 프로세스라는 생각이 들지 않는가.

플립러닝 유투엠이 구시대 교육모델과는 완전히 다른 중대한 차이점 중 하나가 바로 여기에 있다. 학습내용을 아이들이 보다 깊이, 완전하게 이해할 수 있도록 수업이 거꾸로 뒤집혀 있다는 거다. 더구나 복습까지를 교실 안에서 완성하면서 아이들은 그날 공부한 내용을 보다 깊이 있게 이해한다. 기존 주입식 강의 모델과는 반대로, 수업구조 자체가 아이들의 이해를 보다 완전하게 심화시킬 수 있는 일종의 '완전학습' 모델에 가까운 것이다.

예습-수업-복습이 삼위일체를 이루는 완전학습

유투엠은 예습과 수업, 복습을 통하여 그날의 학습내용을 완전하게 익힐 수 있도록 3교시 수업으로 구성되어 있다. 예습, 수업, 복습을 한 공간 안에서 완성할 수 있는 '삼위일체식' 완전학습 시스템이다.

1교시는 그날 학습할 핵심 개념과 원리를 예습하는 시간이다.

스마트 룸이라는 별도 예습 공간에서 진행하는데 학습할 단원의 핵심 개념과 원리를 디딤 영상을 활용하여 자율적으로 예습한다. 소단원별로 짧게 구성된 개념강의를 듣고 확인예제 문제를 푼 후 코넬식 개념노트에 핵심 개념과 원리를 다시 정리하는 과정으로 구성된다.

이 시간의 공부는 기본적으로 자기주도적으로 진행되지만, 기본 개념이나 원리에 대한 이해가 부족한 학생들은 코칭 교사와 관리 교사에게 질문하고 추가적인 설명을 제공받을 수 있다. 학생들은 예습을 통해 사전 지식을 확보하면서 본 수업을 위한 기초 다지기 작업을 하는 셈이다. 기존 주입식 모델에서는 없었던 예습 과정을 거치면서 학생들은 수업에 대한 자신감을 가지게 되고 적극적으로 수업에 참여할 준비와 자세를 갖추게 된다.

온라인 개념학습은 맞춤식으로 진행할 수 있다는 장점도 있다. '사람' 교사는 제아무리 친절한 성품을 지녔다고 해도 모든 아이들의 이해 속도에 맞춰 강의를 맞춤식으로 진행할 수도, 이해하지 못한 지점으로 강의를 다시 되돌려 줄 수도 없다. 그러나 정말 '친절하게도' 온라인 강의는 이 모두를 허용한다. 아이들은 자신의 이해 속도에 맞춰 설명의 빠르기를 조절할 수 있고, 잘 이해하기 힘든 부분은 되돌려서 다시 들을 수도 있다. 수업이 끝난 후에도 필요할 때면 언제든 온라인 교사를 불러와 강의를 다시 들을 수도 있다.

2교시는 본 수업에 해당한다. 교사와 함께 유형문제 및 심화문제 풀이를 중심으로 질문수업, 친구 가르치기, 교사에게 거꾸로 설명하기. 토론 발표 등의 '말하는 수학'이 진행된다. 아이들은 문제풀이와 수학적 의사소통을 통해 개념의 정확한 이해와 개념의 전이를 깊이 있게 배우는 것이 수업의 개요다.

교사가 일방적으로 강의를 하던 기존 주입식 교육과는 달리 학생들이 궁금했던 사항에 대해 질문을 하고, 문제 해결을 위한 방법을 논의하고 숙고하면서 적극적으로 수업을 리드해 간다. 아이들은 유투엠의 '말하기 학습전략'에 따라 능동적으로 수업에 참여하면서 개념에 대한 보다 확장된 이해를 얻게 된다.

예습을 통해 습득한 사전 지식이 기초를 이루기 때문에 학생들은 질문하고 답변하고, 설명하고 토론하는 방식의 '말하기 수업'에 적극 참여할 수 있게 된다. 설명하는 과정에서 메타인지를 활성화시켜 자신들이 무엇을 알고 무엇을 모르는지 스스로 확인하는 시간을 갖게 된다. '말하기'를 통한 출력과 표현은 습득한 지식을 장기기억 속에 저장하는 최고의 학습방법이기도 하다.

3교시는 복습 단계다. 이때는 1, 2교시에 학습한 내용과 관련된 문제풀이가 보다 심화된 수준으로 진행된다. 이 과정을 통해 그날 학습한 내용을 완벽하게 자기화하고 복습하는 시간을 거침으로써 그야말로 한 번 더 다지기를 하는 셈이다.

이 시간에는 학생들이 문제를 푼 후 자신의 풀이 방식을 친구에게 가르쳐주는 '또래 가르치기' 혹은 교사에게 풀이 과정을 설명하는 '거꾸로 설명하기' 방식이 이어진다. 스스로 학습한 내용을 설명하면서 다시 한 번 익힌 내용을 확인한다.

예습, 수업, 복습이 교실 안에서 하나로 통합된 유투엠 수업에서 아이들은 수학을 보다 깊이 있게, 보다 완전하게 배우고 익힌다. 일방적 강의가 빠져나간 바로 그 자리에 아이들이 주도하는 능동적 익힘 공부가 들어차고, 집단적 티칭 대신 아이들 한 명 한 명의 이해도를 확인하여 맞춤식 피드백을 제공하는 수업이 진행된다.

학원마다 기대 이상으로 성적이 오른 학생들이 쏟아져 나오고 있는 것이 완전학습을 실제 교실수업에서 구현하고 있다는 증거다. 유투엠은 불완전학습일 수밖에 없었던 기존 주입식 수학교실을 완전학습 시스템으로 뒤바꿨다. 아이들의 뇌 속에 실제 배움이 온전하게 일어나게 하자는 것이 유투엠의 완전학습 시스템이다.

05
지능형 개별 맞춤학습이다

아이들의 생김새가 제각각인 것처럼 그들의 이해력이나 학습속도, 인지양식은 아이들마다 모두 다르다. 아이들은 각자 서로 다른 속도로 배운다. 어떤 아이는 재빠르게 문제를 푸는 반면, 다른 아이는 꼼꼼히 절차를 따지면서 시간을 오래 끈다. 어떤 아이는 직관적으로 이해하는 반면, 다른 아이는 순차적으로 차근차근 이해한다. 빨리 풀고 빨리 알아듣는다고 해서 그 아이가 더 정확하고 완전하게 공부했다고 말할 수 없다.

학습속도나 인지양식은 스타일의 문제이지 지능의 문제는 아니다. 토끼가 문제를 더 빨리 풀지만, 사실 거북이가 결국에는 토끼보다 더 많은 지식을 더 오래 남는 방식으로 공부하고 있는지도 모른다.

교사가 아무리 잘 가르쳤다고 해도 아이들은 각자 자신들의 경험과 사전지식, 이해력과 학습 속도에 맞춰 학습내용을 수용하기 때문에 하나의 개념을 이해하는 데도 반드시 격차가 발생할 수밖에 없다. 차이는 아이들의 뇌 속에서 일어나는 생물학적 필연이다.

집단적 공장형 교육모델

표준화된 집단적 티칭 방식은 이러한 생물학적 차이를 무시하고 모든 아이들이 똑같은 뇌를 가진 거라고 가정하여 수업을 진행하는 방식이다. 한마디로 공장형 교육모델이다. 과거 기계제 대량생산 체제하에서 공장에 필요한 인력을 대량으로 훈련시켜 투입해야만 했던 시절에는 불가피한 방식이었을지 모른다.

지금은 거의 모든 산업부문에서 맞춤식 다품종 소량생산 체제로 바뀐 지 오래다. 유독 교육의 영역에서만 아직도 공장식 대량생산 시스템이 유지되고 있다. 아이들은 같은 속도로 돌아가는 컨베이어 벨트 위의 조립품처럼 같은 속도에 맞춰 칠판 강의를 이해하지 않으면 안 된다. 인지의 개별적인 격차를 무시하고 똑같은 속도와 방식으로 지식을 머릿속에 채워주려는 것이다.

아이들마다 공부하는 방식이나 속도, 인지양식 등이 다르기 때문에 학습에서 이러한 차이를 인정하고 고려해야 하는 것은 당연한 일이다. 교육에서 컨베이어 벨트 방식은 맞지 않다. 교육은 그 본질상 맞춤식이어야 한다. 벽돌을 찍어내듯이 규격화된 지식을 주입하는 교육 방식은 인간의 본성에 맞지 않다. 지금은 물건도 맞춤식으로 제작하는 시대인데, 왜 유독 사람의 정신과 영혼을 다루는 교육에서는 과거 200년 전의 방식을 그대로 고수하고 있는 것인가?

집단적 강의 시스템이 개인별 맞춤학습을 방해하는 주범이다. 집단적 티칭 방식에서는 아이들의 차이를 고려하지 않는다. 모두 똑같은 속도로 똑같은 양의 지식을 받아먹지 않으면 안 된다. 차이를 메워줄 방법은 없다. 정해진 속도에 맞춰 나사를 조이지 못하면 불량품일 뿐인 것처럼, 정해진 속도의 진도에 맞추지 못하고 이해하지 못하면 낙오자로 전락할 뿐이다.

특정 단원의 개념을 이해하지 못하는 데에는 아이들마다 각기 다른 수많은 이유들이 있을 수 있다. 어떤 아이가 어느 지점에서 핵심 개념을 이해하지 못하고 구멍이 뚫린 건지 교사가 알아챌

방법이 없다. 설사 이해하지 못한 아이가 있다는 걸 알아챘다 하더라도 개별적으로 가르칠 수 있는 시간이 없다 보니 뚫린 구멍을 막아줄 방법이 없다. 아이들이 학습내용을 완전하게 이해하고 넘어갈 수 있도록 지도하는 것은 애당초 불가능하다.

강의는 아이들이 가지고 있는 배경지식의 차이를 고려하지 않은 채 같은 속도와 같은 방식으로 주입된다. 한번 지나가 버리면 수업 시간에는 다시는 그 강의가 되풀이되지 않는다. 이미 진도는 나가버렸다. 교사는 설명하는 임무를 완수했고, 칠판의 판서는 모두 지워졌다.

컨베이어 벨트는 멈추지 않는다. 뚫린 구멍을 막을 새도 없이 수업은 속도에 맞춰 다시 계속 진행돼야만 한다. 집단적 공장형 교육모델이 아이들 각자가 완전하게 이해하는 것을 가로막고 있는 원흉이다. 구시대의 모델은 인간의 본성에 맞는 교육방식이 아니다.

개별맞춤식 완전학습을 구현하다

구시대의 공장식 모델은 뒤집혀야 한다. 플립러닝 수업모델이 적용된 유투엠은 이러한 집단적 표준화 수업 방식을 거꾸로 뒤집었다. 유투엠 교실에서는 컨베이어 벨트 방식의 일방적 강의가 사라진다. 교사 중심의 '집단적 티칭' 위주의 수업이 학생 중심의 '개별맞춤식 러닝' 수업으로 바뀐다. 학생들의 개별적인 이해도를 정확하게 파악하여 완전학습이 이뤄질 수 있도록 개별맞춤식 지도가 집단적 티칭의 자리를 대신한다.

이것이 가능한 이유는 전달식 강의가 예습으로 충족되기 때문이다. 교사의 강의가 예습으로 빠진 자리에 교사와 학생 사이의 밀착된 소통과 상호작용이 대신한다. 1:1 개인지도 방식에 가까운 개별맞춤식 교육을 실제로 구현할 수 있게 된 것이다.

유투엠이 학생 중심의 수업모델이라고 해서 교사의 역할이 축소되거나 수동적인 역할로 바뀌었다는 것은 아니다. 사실은 정확히 그 반대다. 일단 학생이 개념을 예습하고 들어오면 교사의 역할은 더욱 중요해진다. 예습을 하고 들어온 학생을 맞은 교사는 이제부터 정말 중요한 역할을 완수해야만 한다. 전달식 강의가 빠진 대신 질문수업을 통해 아이들 각자의 개념 이해도를 확인하고, 문제풀이에 어려움을 겪고 있는 학생들에게 맞춤식 도움을 주어야 한다. 심화 응용문제 풀이를 통해 아이들의 개념이해를 확장해주고, 맞춤식 피드백과 코칭을 주면서 계속 격려하고 학습에 동기를 부여하는 역할을 수행해야 한다.

학생 개인별로 밀착된 관심을 갖고 학습이해도를 모니터링하여 학생별 맞춤식 피드백과 코칭을 계속 제공해야 한다는 측면에서 유투엠 교실에서는 전달식 강의 방식보다 오히려 훨씬 더 교사의 적극적인 역할과 관리가 요구된다. 집단적 강의 위주의 수업에서보다 오히려 교사는 훨씬 더 바쁘다. 교사의 적극적인 코칭과 피드백 없이 아이들에게 모든 걸 내맡겨두는 것을 플립러닝이라고 이해하는 것은 본질을 반대로 호도하는 것이다.

　플립러닝에서는 교사의 역할이 축소되는 게 아니라 변화되는 것이라고 볼 수 있다. 기존 전달식 모델에서는 아이들 한 명 한 명이 잘 보이지 않았지만, 유투엠에서는 교사의 시선이 아이들 각자에게 맞춰진다. 일방적 강의가 사라진 대신 개별적인 코칭과 피드백이 그 자리를 차지한다.

　교사는 적극적으로 질문하면서 배움을 촉발하고, 학생들 각자의 학습진행 상황을 확인하고, 팀별 토론에 무임승차하는 아이가 발생하지 않도록 격려하고, 학생의 설명을 들으면서 이해도를 모니터링하여 적절한 피드백을 개별적으로 제공하는 역할을 수행하는 것이다.

　학습내용이 학생들의 머릿속에서 어떻게 구성되는지를 점검하고 확인하는 일은 모든 아이들이 학습내용을 완전하게 이해할 수 있도록 지도하기 위해서 매우 중요하다. 교사에게 정말로 필요한 능력과 역할은 개별 학습자들의 이해에 구멍이 생기지 않도록 아이들의 이해도를 파악해내고 필요한 부분을 잡아내어 적시에 피드백을 제공해주는 일이다.

특히 수학에서는 학습내용으로 제시되는 개념들이 나선형의 위계구조를 형성하고 있기 때문에 어느 특정 단계에서 특정 개념을 제대로 이해하지 못할 경우 그와 연계된 단원이나 상위 학년의 심화개념 단계에서 더 큰 어려움에 봉착할 수밖에 없다.

수학 교과의 경우 개념 이해상태나 단원의 성취도를 개인별로 파악하여 각자가 가지고 있는 어려움이나 제대로 이해하지 못한 지점을 잡아내서 이를 해결해주는 수업 방식이 매우 중요하다. 그래야 구멍이 생기지 않고 이미 생긴 구멍도 막아줄 수 있다. 계통과 위계로 모든 단원들이 연결돼 있는 수학 교과에서는 특히 학습자 중심의 개별맞춤식 교육방식이 반드시 필요하다.

말하기로 완성하는 개인별 맞춤학습

플립러닝 유투엠에서는 교사가 학생 한 명 한 명과 직접 대면하는 시간이 대폭 늘어난다. 교사는 '말하기'를 통해 아이들의 이해상태를 모니터링하여 아이들마다 부족한 부분을 정확히 파악한 후 맞춤식 피드백을 줄 수 있다. 이건 유투엠 수업모델이 가지고 있는 굉장한 장점이다. 유투엠의 '말하는 수학'이 바로 여기에서 강력한 위력을 발휘한다.

자신의 이해상태를 스스로 모니터링하고 파악하기 위한 최고의 방법은 배운 지식과 정보를 기억에서 꺼내 출력하고 표현해 보는 것이다. 출력이 잘되면 잘 이해하고 있는 것이다. 반대로 출력이 매끄럽지 않고 중간에 막힌다는 것은 곧 잘 모르고 있거나 대충 알고 있다는 것을 의미한다.

지식을 머릿속에서 출력하여 표현하는 방법 중 '말하기'는 가장 효과적이고 학습효과가 높은 학습방법이다. 팀별로 토론하고, 질문에 답변하고, 문제풀이 결과를 발표하고, 친구를 가르쳐주고, 교사에게 거꾸로 설명하면서 학생들은 메타인지를 발동시켜 자신의 이해상태를 스스로 파악할 수 있다.

그러나 교사 입장에서도 '말하기'는 학생들의 이해 여부를 꿰뚫어 볼 수 있는 가장 강력한 수단이다. 수업에서 교사에게 요구되는 최고의 수업기술은 아이들의 두뇌를 마치 스캔하듯 훤히 들여다볼 수 있는 기술이다. 최고의 유능한 교사는 아이들의 이해상태를 꿰뚫어보는 '눈'을 갖고 있다. 아이들의 인지상태를 어떻게 꿰뚫어 볼 수 있는가? 그들의 머릿속을 분해하여 뉴런의 연결 상태를 직접 확인해볼 수는 없지 않는가. 아이들의 눈을 빤히 쳐다본다고 그들의 이해상태가 보이진 않는다.

학습자의 인지상태를 꿰뚫어볼 수 있는 비장의 무기는 바로 '말하기'다. 아이의 설명을 들어보면 보인다. 질문에 답변하는 걸 들어보면 아이의 인지상태가 보인다. 말로 설명하는 것을 들어보면 아이의 머릿속이 훤히 드러난다. 아이가 어느 지점에서 기본 개념을 헷갈려하는지, 기본 개념은 이해하고 있는데 응용문제에서 개념을 전이시키지 못하고 있는지, 혹은 문제해결 전략에서 잘못된 방향으로 개념을 사용하고 있는지 등이 드러난다. 학생과 교사 사이의 활발한 '말하기 수업'이 아이들의 이해 상태를 개별적으로 파악하여 맞춤식 피드백과 코칭을 제공해줄 수 있는 강력한 무기 역할을 하고 있는 것이다.

모든 학생들이 보다 완전한 이해 수준에 도달할 수 있도록 개인별 맞춤식 지도를 교실 수업에서 실제로 구현하고 있는 것은 유투엠의 수업모델이 갖고 있는 특별한 장점이 아닐 수 없다.

06
공동학습과 개별학습을 통합하다

아이들마다 가지고 있는 인지적 차이를 고려하여 개별맞춤식으로 수업을 진행하는 것이 반드시 필요하다는 것은 부정할 수 없는 명백한 사실이다.

그러나 그렇다고 해서 모든 수업을 개별학습으로만 진행하는 것이 과연 올바른 방식일까? 이러한 질문은 교실 수업에서 지식 정보만을 다루는 것이 아니라 사회적 감성적 지능을 포함한 핵심역량을 함께 키워줘야 한다는 관점에서 볼 때 간과할 수 없는 매우 중요한 문제 제기라 할 수 있다.

토론과 협력이 없는 개별학습은 대안이 아니다

개별맞춤식 학습은 교사와 학생과의 1:1 관계를 축으로 진행되는 수업이지만 여기에는 2가지 방식이 있을 수 있다. 학습 과정과 내용은 그룹별로 동일하게 진행하면서 학생별 특성을 고려하여 맞춤식 지도를 결합하는 방식이 있다. 학습 과정과 내용을 반별로 공통으로 나가면서 학습지도 방식에서 개인별 차이를 고려하여 개별적으로 지도하는 방식을 혼합하는 것이다.

이와 달리, 학습지도 방식뿐만 아니라 학습 과정과 내용까지도 모두 학생별로 다르게 설정하여 개별화하는 방식이 있다. 사실 같은 교실에서 공부를 하더라도 학생들 간에는 그 어떤 공동 활동도 없고 오로지 교사와 학생 간 1:1 학습지도 관계만 형성되는 형태다. 보다 더 완전한 의미의 개별맞춤식이라고 할 수 있다.

개별맞춤식 학습이 필요하다고 해서 배우는 교재, 학습내용까지도 아이들마다 모두 다르게 진행하는 교육이 과연 올바른 방식일까? 모든 과목, 모든 시간을 이러한 보다 완전한 의미의 개별맞춤식 학습방식으로 진행하는 수업은 교육의 본질적인 목적에 비추어볼 때 올바른 방식이 아니라고 우리는 생각한다.

어떤 경우든 개별맞춤식 방식은 전체 학생 수에 따라 수업의 성공적인 진행여부가 결정된다. 교사가 학생들을 1:1 맞춤식으로 점검하고 피드백을 주는 방식이기 때문에 불가피하게 학생 수의 제한을 받게 마련이다.

그러나 학습 과정과 내용까지 모두 다르게 설정하여 개별적으로 진행하는 수업에는 보다 더 큰 본질적인 문제가 있다. 학생 상호 간의 소통과 상호작용이 수업과정에 끼어들 여지가 없다는 것이다. 그건 아예 처음부터 불가능하다. 배우는 과정이 다르고 학습 내용이 모두 다른데 어떻게 학생들 간의 소통과 토론, 그리고 협력학습이 가능할 수 있겠는가.

교실수업에서 우리가 교육의 목적으로 삼아야 하는 것은 지식정보만의 문제가 아니라 보다 더 확장된 관점에서 사회적 감성적 지능을 갖춘 '전인적 인간'의 육성이라고 생각한다. 개별학습만으로 진행되는 교실에서는 학습자 각자가 '지식'을 완전하게 이해하는 것을 목표로 하는 수업이다. 반 아이들이 공부하는 내용이 제각각이다 보니 토론과 팀웍은 당연히 진행할 수 없다.

사회에서 온전한 인간으로 살아가는 데는 지식과 머리가 필요하다는 것은 두말할 나위 없다. 그러나 그것이 전부는 결코 아니다. 소통하고 협력하는 리더십과 타인으로부터 존경받을 만한 도덕적 품성 또한 더욱 중요하다. 교육은 이 두 가지, 곧 인지적 능력과 정의적 역량을 함께 키우는 것을 목적으로 삼아야 한다. 정의적 역량은 또래 집단 속에서 서로 소통하고 협력하는 공부를 통해 길러질 수 있는 것이다.

따라서 개별맞춤식 학습이 필요하다고 해서 모든 학습 과정과 내용을 아이들마다 모두 다르게 설정하여 진행하는 개별학습 방식은 교육의 전체적인 목적을 온전하게 충족시킬 수 있는 교육 방식이 아니다. 모든 수업을 또래 간의 토론과 협력학습이 전혀 없는 개별학습 방식으로 진행하는 수업은 대안적 수업 모델이 될 수 없고 돼서도 안 된다고 생각하는 이유다.

공동학습과 개별학습의 통합이 정답이다

우리는 공동학습과 개별학습이 통합된 방식의 수업이 대안이라고 생각한다. 교실 수업에서 지식정보만을 다뤄서는 안 되고, 협력과 소통능력과 같은 '소프트 스킬' 또한 우리 아이들이 수업에서 길러야 할 역량에 포함시켜야 한다고 생각하기 때문이다.

소위 4C로 대변되는 핵심역량을 키우기 위해서는 공통의 학습 과정과 진도에 따른 공동학습 방식이 반드시 필요하다. 핵심역량을 키우기 위해서는 반별 그룹별로 동일한 학습 과정과 내용을 기반으로 이뤄지는 소통과 토론, 협력학습이 필요하기 때문이다.

유투엠에서 결이 다른 두 가지 수업 방식, 곧 공동학습과 개별학습이 하나로 통합된 방식으로 학습 프로그램을 기획하고 설계한 이유가 바로 여기에 있다.

유투엠에서는 아이들이 2가지 학습 과정에 따라 수학을 공부한다. 공통학습 과정과 개별학습 과정이다. 공통 과정은 반별로 동일한 학습 과정과 내용에 맞춰 진행되는 반별 '공동학습' 과정이다. 여기서는 같은 반 학생들이 동일한 과정을 같은 교재로 함께 공부한다. 공통과정으로 진행하는 공동학습에서는 반 전체 학생들을 대상으로 질문수업, 친구 가르치기와 토론발표 수업 등을 통해 수학적 지식을 깊이 있게 이해하는 것을 목표로 하지만, 더 나아가 친구들과의 토론, 협력학습을 통해 의사소통 능력과 협업 능력 또한 중요하게 다루고 있다.

유투엠의 공통과정은 학습내용과 진도는 함께 맞추지만 학습지도 방식에서는 학생 각자의 이해도를 확인하여 개인별 맞춤식 피드백을 주는 방식이라는 점에서 엄밀하게 말하면 공동학습과 개별학습 방식이 통합된 수업이라고 할 수 있다.

개별과정에서는 유투엠의 독특한 시스템이 발휘된다. 개별과정에서는 학생들마다 선행 여부와 성취 수준, 학습 속도를 고려하여 학생 개인별로 모두 다르게 학습 과정을 설정해 준다. 학습 지도 방식에서뿐만 아니라 학습 과정과 내용 모두를 개별화하는 수업과정이다.

개별과정은 2일차에 주로 진행하지만 1, 3일차에도 학생들의 학습진행 상황을 1:1로 체크하여 개인별 질문을 통해 잘 이해하지 못하는 부분을 코칭하는 방식으로 수업을 진행한다.

개별과정은 아이들마다 학습 과정이 다를 뿐만 아니라 학습 속도에도 개인차가 있기 때문에 진행 속도가 모두 다르다. 이해력이 높고 학습 속도가 빠른 학생들은 계획한 진도보다 빠르게 진행할 수 있다. 반대로 어려운 단원이나 이해하기 힘든 부분에서는 반복해서 개념을 듣고 추가로 필요한 문제를 더 풀어보면서 자기 속도에 맞춰 스스로 학습속도를 조정해 나가는 자기주도적 학습을 하게 된다.

학습 속도가 빠른 학생은 심지어 한 학기 과정을 한 달 만에 끝내는 경우도 생긴다. 자기 속도에 맞춰 자기주도적으로 진도를 나가다 보니 3년간의 학습 과정을 1년 만에 끝내는 아이도 생긴다. 공부에 욕심이 있고 자기주도적 학습태도가 잘 갖춰진 학생일수록 개별과정에 대한 만족도가 매우 높다. 욕심껏 자기 진도를 나가면서 성취감을 만끽할 수 있기 때문이다.

유투엠은 공동학습과 개별학습을 통합한 수업이라는, 지금까지 그 어디에서도 볼 수 없었던 유례없는 수업 방식을 교실 수업에 구현하고 있다. 개별학습 과정과 개별지도 방식을 통해 아이들의 인지적 차이와 개인적 특성에 맞춘 개별맞춤식 학습을 진행함과 동시에 반별 공동학습을 함께 진행하고 있다.

집단적 공장형 수업모델을 거꾸로 뒤집어 교육계의 오랜 숙원인 개별맞춤식 학습을 구현하면서도 미래 인재가 갖추어야 할 핵심역량을 함께 키울 수 있는 수업이라는 점에서 플립러닝 유투엠은 우리 교육이 나아가야 할 방향을 선도적으로 제시하고 있는 수업 모형이라고 생각한다.

블렌디드 러닝으로 지능형 개별맞춤학습 구현

유투엠의 개별맞춤식 학습을 가능하게 하는 또 하나의 강력한 무기가 있다. 바로 온라인과 오프라인을 결합시킨 블렌디드 러닝(Blended Learning) 시스템이다.

교실수업에 온라인이 통합된 유투엠의 온·오프 블렌디드 러닝 시스템을 통해 학생들은 개별적인 필요에 맞춰 언제든 개념설명을 추가로 들을 수도 있고 자신이 틀린 문항에 대한 맞춤식 피드백을 받을 수도 있다. 공통의 학습 과정에 따른 공동학습을 진행하면서도 개별맞춤식 학습이 보다 더 정밀하게 진행될 수 있게 하는 기술적 수단이 블렌디드 러닝 시스템이라고 할 수 있다.

기존 오프라인 방식으로는 학생 개개인의 이해도를 맞춤식으로 평가하고 진단하는 것이 쉽지 않았다. 설사 개인별 이해도를 파악했다 하더라도 학생 개인별로 틀린 문제에 대해 맞춤식으로 추가 문제를 제공해주거나 온전하게 피드백을 주는 것은 더더욱 불가능한 일이었다.

그러나 온라인 학습관리시스템(LMS)이 오프라인 수업과정에 통합되어 있는 유투엠 교실에서는 학생들이 자기가 틀린 문제에 대한 온라인 해설 강의를 볼 수도 있고, 내가 틀린 문제와 같은 유형의 문제들을 추가로 집중적으로 풀 수도 있다.

인지과학적으로 정밀하게 설계된 온라인 학습프로그램의 도움으로 학생들은 자신의 이해도를 실시간 진단하여 자신의 약점을 처방받고 부족한 부분에 대해 맞춤식 피드백을 언제든 받을 수 있다. 온라인 프로그램이 학습자가 수행한 학습결과를 실시간으로 데이터 프로세싱하여 학습자의 인지상태에 맞춤식으로 피드백을 제공해주고 있는 셈이다. 학습자는 온라인 학습프로그램의 도움으로 '완전학습'을 좀 더 쉽게 달성할 수 있는 것이다. 일종의 '지능형' 개별맞춤식 학습 프로그램이 아닐 수 없다.

유투엠은 과거 오프라인 교실 수업의 비효율성을 혁신하여 학습효과를 극대화시키기 위해 교실 안에서 이뤄지는 교수학습 과정에 온라인을 유기적으로 통합하는 프로그램을 구축했다. 수많은 온라인 콘텐츠와 학습관리 프로그램(LMS)을 오프라인의 수업 과정 속에 긴밀하게 통합시킨 유투엠의 블렌디드 러닝 프로그램은 세계적으로도 선도적인 수학교육 모델을 개척한 것으로 평가받고 있다.

개인별 맞춤학습 1:1 수업 효과

김정희 · 김지현 (강북캠퍼스 · 중계캠퍼스 교사)

학원을 찾는 가장 큰 이유는 성적을 올리기 위해서일 것이다. 내가 만난 거의 모든 아이들이 그랬다. 공부를 잘하지 못하는 학생은 물론, 잘하고 있는 학생과 그 부모도 모두 조금이라도 더 성적을 잘 내고 유지하고 싶다고 했다.

그런데 이전의 수업법으로는 아무리 반 편성을 잘해도 각 학생의 수준에 맞춰 수업을 진행하는 것이 힘들었다. 교사가 일방적으로 설명을 하고 답을 알려주는 방식으로는 모든 학생들을 다 이해시키고 진도를 나가는 일이 거의 불가능했기 때문이다. 다 이해했다고 입을 모아 대답을 하기는 하지만 나중에 확인하는 테스트를 해보면 꼭 틀리는 녀석들이 있게 마련이었다. 반 학생들 전체가 고루 성적을 올리는 일이 어려운 것이다.

하지만 유투엠의 '말하는 수학'은 학생 개개인의 수준에 맞춰서 학습 진행을 조절할 수 있어서 이해가 부족한 학생은 따로 공부를 더 할 수도 있기 때문에 반 전체가 고르게 성적을 올리는 일이 가능하다.

유투엠의 수업은 공통과정과 개별과정으로 나누어져 있다. 말 그대로 공통과정은 같은 반 학생들이 같이 해나가는 수업이고, 개별과정은 각자의 수준에 맞춰서 진행하는 수업이다. 그중에 개별과정은 일대일 수업처럼 수준에 딱 맞는 학습 내용과 속도로 진행이 되기 때문에 학생들이 성적을 올리는 데 지대한 역할을 한다.

내가 맡았던 학생 중에 중학교 1학년 2학기 말인데 1학기 초 과정조차 학습이 되지 않았던 아이가 있었다. 그 아이는 겨울방학 내내 학원에서 살다시피 하며 개별과정을 자기주도로 진행했다. 공통 수업시간 외에는 온라인 개념강의를 듣고 문제를 풀면서 기초를 다진 것이다.

겨울 방학 내내 개별과정으로 기초를 다진 그 학생은 이듬해에 공통과정 수업을 늘렸고 2학년 1학기 중간고사에서 90점을 넘겼다. 이후 기말고사에서 100점을 획득하여 우리를 놀라게 하더니, 이후 3학년부터는 유투엠에서 배운 '말하는 공부' 방법을 전 과목으로 확대하여 전교 10위권 내의 최상위 성적을 내내 유지했다.

쑥쑥 오르는 성적

반 전체가 고르게 성적을 올리는 경우도 많다. 1학년 때 기초반 격인 P계열 반으로 편성되었던 8명의 학생은 등록 전 학교 수학 성적이 모두 60~70점대인 아이들이었다. 유투엠의 수업 방식을 처음 대하는 아이들인지라 초기에는 아이들도 나도 힘들어하고 수업 진행이 더뎌서 마음이 조급해지기도 했다.

하지만 한 명, 두 명 수업에 익숙해지고 발표를 잘 하게 되면서 먼저 분위기가 달라지기 시작했다. 한 분기 만에 발표 토론 시간에도 개별적인 질문이나 힌트 찬스를 쓰지 않고 어떻게든 자기들끼리 문제를 풀어보려고 노력했다. 얼굴이 새빨개질 정도로 몰입해서 토론하는 아이들이 얼마나 대견했는지 모른다.

그렇게 공통과정 수업을 하면서 학생들은 개별과정도 병행했다. 공통과정에서 미처 채워지지 못하는 각자의 수준에 맞춘 공부를 함께 진행한 것이다.

그렇게 시간이 지나자 성적이 눈에 띄게 쑥쑥 오르기 시작했다. 한번 머리가 튀기시작한 학생들의 성적은 모두가 놀랄 정도로 향상이 되었다.

2학기가 되었을 때는 반 아이들의 평균 성적이 90점 이상을 기록했다. 60점 이하에서 1년이 채 안 되는 기간 동안에 30점 이상 점수를 올린 것이다. 놀라운 것은 학생들 모두가 고르게 성적을 올렸다는 점이다. 누구 하나가 뛰어나고 누구 하나가 처져서 평균을 맞춘 게 아니라 모든 아이들이 골고루 90점 이상의 성적을 냈다.

지도하는 우리들도 유투엠의 과학적 학습법의 위력에 놀라지 않을 수 없었다. 수학 실력은 절대 타고난 머리가 아니었다. 어떤 방식으로 수학 공부를 하느냐에 따라 우리 아이들은 모두 수학 우등생이 될 수도 있고 열등생이 될 수도 있다는 것을 확신하게 된 계기가 되었다. 이 학생들은 다음 해에 나란히 상급반으로 진급해 다시 함께 공부하게 되었다.

이제 유투엠에 오는 학생들은 성적 향상쯤은 당연한 것으로 생각한다. 새로 등록하는 학생이나 학부모도 당연히 점수가 크게 오를 것으로 기대하고 온다. 유투엠에 다니는 친구들이 여러 번 증명했기 때문이다.

얼마나 재미있게, 효율적으로 공부할 것인가가 유투엠에 오는 새로운 목적이 되고 있다. 유투엠의 말하는 수학이 학원에 가는 이유를 바꿔놓고 있는 것이다.

07
학습법의 차원이 다르다

유투엠 프로그램이 지향하는 학생 중심 참여수업, 지능형 개별 맞춤학습, 완전학습 시스템, 이 세 가지 특징은 새로운 수학교육이 반드시 나아가야 할 바람직한 방향이라고 생각한다.

처음 새로운 수학교육 모델을 기획하고 개발하는 단계에서부터 미래 수학교육이 지향해야 할 핵심적인 특징을 크게 이 세 가지로 압축했고, 실제 수업 현장에 어떻게 구현하고 녹여낼 것인가를 고심하고 연구하면서 탄생한 것이 바로 새로운 혁신적 수학교육 모델, 유투엠이다.

우리는 기존의 전통적 수업의 기본 틀 안에서 일부 수업방법론을 바꾸는 정도로는 우리가 생각하는 근본적인 혁신을 달성해 낼 수 없다고 생각했다. 전통적인 주입식 수학교육 모델의 근간을 뒤집지 않고서는 미래 수학교육이 나아가야 할 방향으로 교실수업을 혁신하는 것이 불가능하다는 결론에 따라 기존 수학교육 방법론의 모든 가정과 전제에 대해 의문을 제기하고 이를 원점에서 재검토했던 것이다.

그 결과 최종적으로 '수업 구조'와 '수업 방법'의 혁신, 이 두 가지 측면을 새로운 수학교육 모델은 담아내야 한다는 결론이 도출되었다. 이렇게 해서 플립러닝에 기반한 '말하는 수학', 유투엠이 세상에 드디어 모습을 드러낼 수 있었다.

수업 구조의 측면에서 기존 전통적인 교실 수업의 틀을 거꾸로 뒤집는 플립러닝 방식과 수업 방법의 측면에서 주입식 전달식 강의방식을 뒤집는 학생참여 중심의 '말하는 수학', 이 두 가지가 새로운 혁신적 수학교육 모델인 유투엠의 근간을 구성하고 있는 두 개의 큰 기둥이 되었다.

삶의 역량을 키우는 수학교육으로

새로운 수학교육 모델은 인지과학적인 측면에서 학습효과가 높을 뿐만 아니라 미래 교육이 나아가야 할 방향과 부합해야 한다는 것이 우리가 추구하는 원칙이다. 수학을 공부하는 교실에서도 수학적 지식의 습득과 함께 우리 아이들이 인공지능 시대에 살아남을 수 있는 핵심역량을 함께 길러줘야 한다는 것이 우리가 결코 타협할 수 없는, 우리의 확고한 교육적 신념이다.

플립러닝 방식으로 거꾸로 뒤집힌 유투엠 교실에서는 질문과 토론, 소통과 협력이 일상사다. 비판적 사고와 창의력과 같은 고등 사고력을 키울 뿐만 아니라 또래 간의 협력과 의사소통이 활발하게 진행되는 수업이다. 깊이 있는 배움을 통해 고차적인 인지능력을 키우고, 친구와 토론하고 협력해서 문제를 해결해 나가는 과정에서 높은 수준의 사회적 감성적 지능을 함께 키울 수 있는 수학교육 모델이 바로 유투엠이다.

인공지능으로 영리해진 두뇌를 가진 기계들이 몰려오고 있다. 문제해결 능력과 창의성, 전문적 영역 간의 융합을 이끌어내는 소통과 협업 능력을 갖추지 않으면 미래에 인간의 일자리는 기계들이 차지하고 말 것이다. 점점 더 많은 일들에서 기계에 의해 인간이 밀려날 것이고, 교실 수업에서 창의력과 혁신능력, 협업 능력을 키워주지 않으면 내 아이는 조만간 기계에 의해 구조조정 당하는 신세가 될 것이다.

사실적 지식을 암기하는 능력, 정보를 정해진 알고리즘에 따라 분석하는 능력, 표준화된 업무를 반복적인 프로세스에 따라 처리하는 능력, 오지선다형으로 주어진 문제에서 하나의 정답을 찾아내는 능력, 구석진 사무실에서 밤을 새우면 아무런 협력 없이도 처리할 수 있는 업무 능력, 이것이 바로 구시대 주입식 교실에서 우리 아이들에게 키워주려고 안달하고 있는 능력들이다. 안타깝게도 기계에 의해 순식간에 밀려날 것이 뻔히 보이는 역량들이다.

인공지능 시대에 우리 아이들이 살아남을 수 있게 하기 위해서는 창의성과 협업 능력과 같은 핵심역량과 '소프트 스킬'을 키워줘야 한다고 다들 입으로는 떠들면서, 도대체 왜 실제 교실 수업에서는 반대로 우리 아이들에게서 그러한 능력을 빼앗고 있는 것인가? 혹시 그런 건 교육부가 그럴듯하게 정리해서 내놓은 문서 속에나 있는 말잔치나 장식용 액세서리 정도로 취급하고 있지는 않는가?

단답식 암기능력과 수동적인 교육이 필요한 때가 있었다. 자동차 공장에서 용접을 하고 조립라인의 나사를 돌리는 데는 질문을 많이 하면 안 됐다. 정해진 일을 시키는 대로 해야 생산의 효율이 높았을 것이다. 표준화된 공정에서 계속 똑같은 일을 하는 숙련공에게는 비판적 사고는 오히려 불온한 것이었다.

그러나 이제 반복적인 업무와 표준화된 매뉴얼에 따라 처리하는 업무는 순식간에 일자리의 목록에서 사라지고 있다. 변호사, 회계사, 의사와 같은 전문적인 직종에서도 창의성이 필요 없는 데이터 처리 업무는 빠르게 인공지능을 탑재한 앱으로 대체하고 있다.

이제는 보다 실제 삶에 필요한 역량을 통합적으로 키울 수 있는 교육이 필요하다. 더는 교사들이 아이들의 텅 빈 머릿속에 지식을 꾸역꾸역 채워 넣는 방식이 아니라 아이들과 함께 지식을 구성하고, 협력하여 문제를 해결하고, 호기심을 갖고 질문하고, 토론 과정에서 비판적으로 생각할 줄 아는 능력을 키워야 한다.

다시 강조하건대, 미래 사회를 창조적으로 개척하고 기계에 의해 밀려나지 않고 인간답게 살아가는 데 필요한 역량을 키워주는 문제는 우리 아이들에게는 생존이 걸린 절박한 문제다. 단언컨대, 교실에서 가르치고 배우는 '수업 방식'을 바꾸지 않고서는 21세기 미래사회의 핵심역량을 키울 수 있는 방법은 결단코 존재하지 않는다.

수업 방식을 당장 바꿔야 한다. 듣는 공부에서 말하는 공부로, 집어넣는 공부에서 생각을 꺼내는 공부로, 혼자 하는 공부에서 함께 소통하고 협력하는 공부로 바꾸어야 한다. 교실에서 가르치고 공부하는 방식을 인공지능과 로봇의 시대에 맞는 방식으로 바꿔야 한다.

강의와 전달이 예습으로 빠져 나간 여백의 시간에 다양한 학생 중심의 '말하는 수학' 학습법을 통합시켜 학습효과를 극대화하는 수업모델이 유투엠이다. '말하는 수학'으로 생각을 꺼내고, 동료 친구와 함께 소통하고 협력하는 수학 공부법이 바로 유투엠이다.

'말하는 수학' 학습법을 중심으로 학습효과를 높이면서도 21C 핵심역량을 통합적으로 기를 수 있는 가능성을 열어주고 있다는 점에서, 유투엠은 수학교육이 나아가야 할 방향을 담아내고 있다고 우리는 생각한다.

말하는 공부로 교육을 혁신해야

세계 최고 석학들의 강의가 무료 온라인 플랫폼에 널려 있고, 아이들은 언제 어디서든 노벨 물리학상을 수상한 세계적인 물리학자의 강의를 들을 수 있는 시대에, 왜 내가 직접 물리 개념을 설명해주지 않으면 안 된다고 생각하는가? 왜 교육은 지식의 전달이어야만 하고, 아이들은 교실에서 조용히 듣기만 해야 한다고 생각하는가? 도대체 왜 우리 아이들은 교실에서 입을 열어 질문을 하고 자기 생각을 이야기하면 안 된다고 생각하는가?

우리가 알고 있는 교육제도와 교육방식은 필연적인 게 아니다. 그것은 산업화 시대라는 역사적 상황 속에서 만들어진 일시적 고안물일 뿐이다. 시대가 바뀌고 역사적 상황이 달라지면 그것 또한 바뀌어야 하는 것이 당연하고 나아가 불가피한 일이다. 모든 제도와 관습이 시간의 흐름에 따라 필연적으로 변화하듯이, 교육 또한 결국은 시간의 변화를 거부할 수 없고 거부해서도 안 된다.

아이들을 침묵으로 몰아넣으면서 암기와 불통을 가르치는 구시대 교육모델은 이제 그 생명이 다했다. 시대는 변했다. 우리 아이들은 인공지능 로봇과 함께 일을 해야만 하는 시대를 살아갈 것이다. 우리는 그들에게 '그들의 시대'를 살아갈 힘을 길러줘야 한다. 그것이 교육이 담당해야 할 본연의 임무다.

아이들 삶의 공동체인 교실이라는 물리적 공간을 생동하는 현실과 유리된 회색 빛깔의 죽은 지식만을 주입시키는 장소로 만들어서는 안 된다. 장래 진짜 세상을 살아가는데 필요한 역량을 키워주는 실천적 공간으로 확장시켜야 한다. 침묵을 강요받고 배움이 사라진 공간이 아니라 생각을 표현하고 생각하는 힘을 기르는 창조적 공간으로 새롭게 탄생시킬 수 있는 교육으로의 혁신이 절실히 필요한 때다.

20세기 대표적 교육사상가인 파울로 프레이리는 그의 저서 《페다고지》를 통해 '침묵의 문화가 지배하는 교실은 죽어있는 공간'이라고 했다. 침묵이 금언인 교실에서는 학습동기가 생길 수 없고 진정한 의미의 배움도 일어나지 않는다. 그 안에서는 그 어떤 비판도 창의도 생길 수 없다. 강요된 침묵은 오히려 생각을 억압하는 묵언의 기제일 뿐이다. 이런 침묵의 공간에서는 인공지능을 넘어설 창의성도 사고력도 결코 생겨나기 어렵다. 하루 종일 입을 다물고 있는 교실에서 소통과 협력이 싹튼다는 것은 애당초 전혀 기대할 바가 못 된다.

말은 곧 생각이고 소통이다. 생각하는 힘과 창의력, 협력과 소통능력을 키우려면 입을 열어 자기 생각을 말하게 해야 한다. 깊이 있게 생각할 수 있는 고등 사고력과 소통하고 협업할 줄 아는, 높은 수준의 사회 정서적 역량을 함께 기를 수 있는 공부가 바로 '말하는 공부'다. '말하는 공부'가 아이들의 정신과 영혼을 성장시키는 '참 교육'이다.

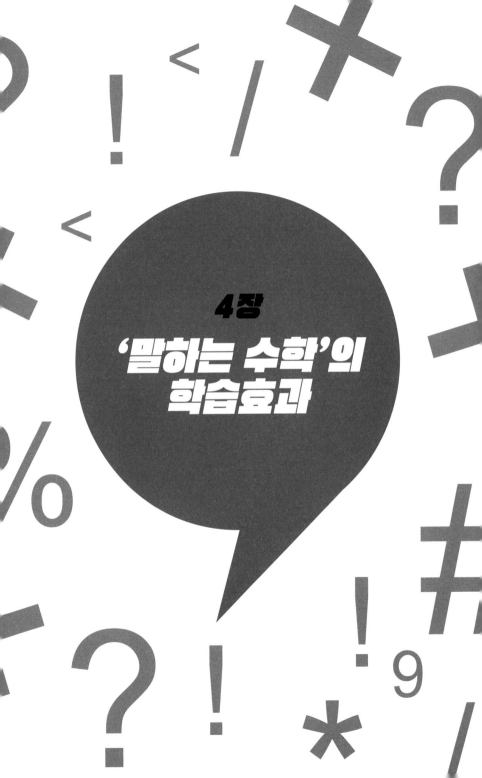

4장

'말하는 수학'의
학습효과

01
개념을 완전하게 **이해하고**
수학이 쉬워진다

수학에서는 단적으로 개념에 대한 탄탄한 이해가 가장 중요하다. 수학은 단계적으로 개념이 쌓이는 학문이기 때문에 하위 개념에 대한 학습이 부족하면 그와 연결된 더 높은 단계의 새로운 개념이나 원리를 배우기 어렵다. 개념과 원리를 명확하게 이해하지 못한 채 공식을 암기하거나 기계적으로 유형을 외워 정답 찾기에만 매달리다 보면 학년이 올라갈수록 더 큰 어려움에 처할 수밖에 없다. 반복해서 풀이가 막히면 수학에 대한 흥미를 아예 잃어버리기까지 한다.

그렇게 초등 과정을 지나 중고등 과정으로 이어진다면 수학

시간에 엎드려 자는 횟수가 늘면서 결국 수포자의 대열에 합류하는 안타까운 상황에 처하게 되는 것이다.

그러나 한번 확실하게 개념 정립이 구축되기 시작하면 아이들은 수학에 자신감을 갖기 시작하고, 이러한 자신감은 개념 이해를 다시 촉진하는 선순환 구조를 만들어낸다. 수학은 전체 학년의 개념이 그물망을 형성하고 있기 때문에 특정 단원에서 확실하게 개념을 정립하면 그와 관련된 단원이나 상위 학년의 개념을 연쇄적으로 쉽게 이해할 수 있게 된다. '기초가 탄탄한 수학'이라는 말은 바로 개념이 확실하게 정립되어 있다는 말을 의미한다.

따라서 수학 공부를 하는 데서 잊지 말아야 할 것은 개념에 대한 정확한 이해에서 출발해야 한다는 것이다. 수학은 암기가 아니라 '이해'의 학문이다. 개념을 정확하게 이해하는 데서 수학 실력은 쌓이기 시작하는 것이다.

유투엠의 수업은 기존 전통적인 수업방식에서보다 아이들이 개념을 더 쉽고 완전하게 이해할 수 있도록 수업이 구성되어 있다. 아이들은 1교시 예습을 통해 1차로 개념에 대한 기본 이해를 얻은 후 2교시 질문식 유형학습을 통해 개념에 대한 더욱 깊은 이해를 획득하게 된다. 3교시 심화 문제풀이를 교사와 함께 하면서 다시 한 번 더 개념을 더욱 깊이 있게 응용하고 전이시키는 힘을 키운다.

예습, 수업, 복습이 완벽하게 통합된 완전학습 시스템으로 유투엠 아이들은 단원의 기본 개념부터 다양한 유형 문제들로 개념이 확대 적용되는 과정을 단계적으로 학습함으로써 탄탄한 개념학습을 완성할 수 있게 된다. 더구나 일방적인 전달식 수업이 아니라 말하기를 통해 1:1 개별맞춤식 확인과 피드백을 받을 수 있는 수업이 바로 유투엠이다. 아이들은 이해한 개념을 말로 설명하고 문제풀이 과정을 말로 풀어내는 과정을 통해 개념에 대한 보다 깊고 확실한 이해를 얻을 수 있다.

게임처럼 재미있게 수학을 풀다

아이들은 자신이 틀린 문제와 같은 유형의 문제를 계속 접하면서 확실하게 알 때까지 학습을 할 수 있는 유투엠의 완전학습식 문제풀이 시스템에서 문제해결에 대한 강한 몰입과 도전의식을 갖는다. 유투엠의 개별맞춤식 문제풀이는 마치 '정복 게임'을 하는 것 같다고 말하는 아이들이 많다.

유투엠 아이들은 교실 수업에 온라인 학습 프로그램을 통합한 온-오프 블렌디드 러닝 시스템을 통해 문제를 푼 후 각자 자신이 틀렸거나 취약한 부분을 컴퓨터를 통해 자동 분석하여 자신이 모르거나 부족한 부분을 집중적으로 보완할 수 있다. 틀린 문제가 있으면 그와 유사한 유형의 문제가 계속 자동으로 생성되어 제시된다.

아이들은 마치 끝까지 쫓아가서 결국은 정복하고 마는 배틀 게임 같이 성취감을 느끼고 모르는 것을 확실하게 다잡고 가는 것이다. 틀린 문제의 개념을 바로 잡고 이것을 바탕으로 자신이 완전하게 이해할 때까지 유사한 문제를 계속 풀어보는 것은 마치 게임에서 승부욕을 가지고 도전하여 결국 우승하는 것과 같은 스릴을 만끽하는 모양새다.

문제를 풀면서 맞출 경우에는 '콩알'이라는 인센티브가 쌓이고 열심히 많은 문제를 풀 경우 자신의 등급이 승급되는 '콩알 제도'에서 아이들은 수학 공부를 하면서 동시에 재미를 만끽하고 높아진 자신의 계급에서 성취감을 갖게 된다.

수업 시간에 각자 앞에 놓인 노트북에 제시된 문제를 풀면 그 답이 바로 채점이 되어 칠판에 띄워지고 누구의 점수가 제일 높은지, 가장 정답률이 낮은 문제는 무엇인지 등을 바로바로 알 수 있는 시스템에서도 아이들은 마치 게임을 하고 순위를 즉시 확인하는 것 같다고 말한다.

뭔가 해낼 때 느끼는 성취감은 맞춤형 개별학습 과정에서도 만끽할 수 있다. 유투엠의 개별학습 과정에서는 철저하게 아이의 실력과 학습속도, 학습양식에 맞춰 1:1 개별맞춤식으로 학습 과정을 설정해주고, 아이들은 자신의 학습 속도에 맞춰 완전하게 이해하면서 진도를 나갈 수 있다. 같은 반 아이들이 모두 똑같은 이해력과 학습속도를 갖고 있다고 가정하여 집단적 강의방식으로 진도를 나가는 기존 수업방식에서보다 아이들은 각자의 학습 상황에 맞춰 수학을 더 확실하고 완전하게 이해할 수 있다는 반응을 보인다.

서술형 문제 풀이에 강하다

최근 들어 수학교육의 근본 패러다임이 바뀌고 있다. 수학교육의 방향이 결과 중심에서 과정 중심으로, 정답 선택형에서 서술형으로 변화하고 있는 것이다. 학교 시험에서 서술형 평가가 크게 늘어 절반 이상을 차지하는 경우도 많다.

아이들은 여러 개 중에 하나를 고르는 정답 선택형과 달리 서술형은 아무 것도 없는 백지에 뭔가를 적어야 한다는 부담감 때문에 어려워한다. 게다가 기본적으로 문제의 길이가 길어서 질문의 의도가 무엇인지에 대해서도 생각을 많이 해야만 한다. 단순한 연산 문제와 달리 이런 문제를 풀려면 복잡하게 생각해야 하니까 부담스럽기만 한 것이다.

서술형 문제라고 하더라도 종전에는 어떻게 하든 답만 맞으면 되었지만 이제는 그 답을 찾는 과정을 논리적이고 설득력 있게 꼼꼼하게 정리하고 표현해야만 한다. 수학적 서술은 문제를 완전히 이해하고 꼼꼼하게 순서에 따라 문제를 푸는 습관이 몸에 배야 잘할 수 있다.

그런 면에서 유투엠의 '말하는 수학'은 서술형 문제 해결력을 기르는 데 탁월한 효과가 있다. 문제해결 과정을 말로 설명하면서 친구나 선생님을 이해시키는 과정을 글로 옮기면 그대로 서술형 문제의 풀이과정이 되기 때문이다. 서술형 문제에 대한 최고의 대비 방법은 문제해결 과정을 누군가에게 말로 설명하는 것이다. 확실하게 설명해낼 수 있다는 것은 문제에 적용된 개념과 문제해결 전략, 문제해결 과정을 논리적이고 체계적으로 표현할 수 있다는 것을 의미한다.

유투엠에서는 수학문제를 말로 풀어서 설명하는 것이 일상이다. '말하는 수학' 공부를 하려면 우선 잘 들어야 한다. 일단 디딤 영상 강의와 선생님의 질문을 잘 듣고 개념을 완벽하게 파악하는 것이 중요하다. 그리고 나의 의견을 말하는 것에만 집중하는 것이 아니라 친구의 문제해결 전략에도 귀 기울여 들어야 한다. 잘 들어야 그 과정에 오류가 있는지 살필 수 있고, 그렇다고 생각이 되면 자신의 의견을 더해 최상의 해결책을 도출할 수 있기 때문이다. '수학적 말하기'는 사실상 말하기와 듣기 기능이 통합된 활동이다.

문제가 주어졌을 때 그 해결방안을 공동으로 탐색하고 발견해가는 과정인 토론을 통해서 아이들은 서술형 평가문제 해결 능력을 더 잘 기를 수가 있다. 동료 친구끼리 어떻게 문제를 풀어야할지에 대해 토론하고 발표하는 경험을 통해 아이들은 그 과정이 누구라도 납득할 수 있을 만큼 이해하기 쉬운지, 아니면 무엇인가 부족한 것이 있는지를 알아챈다. 부족한 점이 있을 경우 곧 의견을 제기해 수정하도록 한다.

토론과 발표, 또래 가르치기, 거꾸로 설명하기를 반복하면서 아이들은 문제풀이에 필요한 모든 개념과 문제해결 과정을 말로 설명할 수 있게 된다. 그리고 그와 유사한 문제가 서술형 문제로 출제되었을 때 막힘없이 적어 내려갈 수 있다. 평소 자신도 모르게 서술형 평가문제를 대비하는 훈련을 하고 있는 것이다.

기본 개념을 잡아야
수학이 잡힌다

김민준 (고양삼송캠퍼스 중1)

나는 초등학교 5학년 겨울방학 때부터 유투엠에 다녔는데 처음에는 발표 토론 수업을 하는 학원이라는 소개를 듣고 엄마의 권유로 오게 되었다. 수학에 관심이 별로 없었고 실력도 부족해서 처음 입학할 때에는 최하위반으로 반을 배정받았다.

학원에 처음 갔을 때는 진도를 따라가기가 어렵다는 생각이 들 정도였지만, 선생님께서 개념 강의를 잘 듣고 스스로 노트에 내용을 정리하다 보면 금방 따라올 수 있을 거라고 격려해주셔서 참고 견디게 되었다.

조금 지나자 정말로 편안하게 수업에 적응할 수 있었다. 먼저 디딤 영상을 통해 예습을 한 후 교실에서 다시 질문수업을 통해 반복해서 공부하다 보니 개념이 훨씬 더 잘 이해가 되었다. 설명을 듣고 진도만 쭉쭉 나가는 게 아니라 이해가 잘 안 된 부분에 대해 질문도 하고 틀린 문제에 대해 선생님이 1:1로 코칭해주는 시간이 있어 수학의 기본을 잡는 데 크게 도움이 되었다.

특히 문제를 풀고 틀렸을 때 유사한 문제들을 반복해서 다시 공부하도록 시스템이 짜여 있어서 잘 모르는 문제를 확실하게 알고 넘어갈 수 있다는 점이 유투엠의 큰 장점인 것 같다. 틀린 문제를 끝까지 추적하여 알 때까지 반복해서 공부하는 시스템은 꼭 내가 탐정이 되어 범인을 끝까지 추적하여 잡는 것 같은 느낌이 들어 재미가 있고 스릴이 넘친다. 유투엠의 이러한 문제풀이 시스템이 수학 성적을 올리는 데 크게 도움이 되어서 참 좋았다.

디딤 영상으로 기본 개념을 잡은 후 또래 가르치기와 토론과 발표, 거꾸로 설명하기 등으로 살을 붙이면서 더 어려운 문제를 해결할 수 있는 응용력을 기를 수 있었던 같다. 단계적으로 쉬운 것부터 어려운 것까지를 다룰 수 있게 진행되는 유투엠 수업을 그대로 따라하다 보면 난이도 높은 문제도 크게 어렵지 않았다.

친구들과 계속 이야기하고 서로 가르쳐주면서 다른 풀이법에 대해서도 알게 되는 게 무척 흥미롭고 좋았다. 미처 생각하지 못하는 걸 친구들이 말해줄 때가 많았고, 나도 친구를 가르쳐줄 때는 꼭 선생님이 되는 기분이 들어 수학을 좋아하게 된 계기가 되었다. 반이 바뀔 때마다 새로운 친구들과 만나는 것도 즐거웠고 도전정신도 생겼다. 처음 맨 기초반에서 시작했는데 중간중간 꾸준히 성적이 향상되어 지금은 최고 반까지 올라서게 되었다.

유투엠에 다니면서 수학 과목 하나만큼은 확실하게 잡아 자신감이 생겼다. 학교 수학 수업에서도 나는 발표수업에 자신감을 갖고 열심히 참여하면서 선생님에게 특별히 인정받고 있다. 유투엠의 발표수업이 크게 도움이 되었다.

오답노트는 나의 비밀 병기

기본을 잡고 수학실력을 쌓을 수 있었던 또 하나의 비밀은 오답노트에 있다. 처음에 틀린 문제를 다시 푸는 클리닉과 만점학습 등을 진행할 때 선생님이 계속 오답노트를 정리하라고 말씀하셨다. 무엇을 틀렸는지, 왜 틀렸는지를 꼼꼼하게 적어두면 나중에 같은 실수를 하지 않게 되고, 적으면서 한 번 더 생각하게 되니 오래 기억한다고 하셨다. 열심히 오답노트를 정리하기 시작했는데 하다 보니까 모르는 것을 확실하게 알게 되었고 문제해결 과정을 체계적으로 정리하는 데도 익숙해졌다. 그렇게 습관이 되다 보니 오답노트 정리법을 완벽하게 터득할 수 있었다. 어떻게 정리를 해야 다음에 보기 쉽고 금방 눈에 들어오는지도 알게 되었다.

덕분에 학교에서 수행평가로 수학문제 노트 정리를 할 때마다 좋은 점수를 받을 수 있었고 선생님께 칭찬도 받았다. 칭찬을 받으니까 더 잘하고 싶어져서 오답노트 정리에 최선을 다했다. 노트를 정리할 때도 소리를 내어 나 자신에게 설명하면서 하니까 눈으로 보고, 글로 쓰고, 말로 설명하게 되어 한 번 공부하지만 세 번을 공부한 것과 같은 효과를 보는 것 같다. 선생님의 칭찬 때문에 나의 오답노트는 학교에서 좀 유명해졌다. 내가 수학 노트 정리한 것을 보고 따라 적는 친구들이 생겼고, 질문하는 친구들에게 친절하게 설명해주기도 했다. 그렇게 나는 학교에서 정리 잘하는 아이, 설명 잘하는 아이로 꼽히게 되었다.

최근부터 유투엠 수학에서 배운 오답노트와 개념노트 정리법을 다른 과목에도 적용해보고 있다. 과학이나 사회 과목 수업이 끝나고 쉬는 시간에 내 나름대로 핵심내용을 코넬식 노트 방식으로 정리하고 있다. 노트를 쓰고 나면 확실히 공부한 내용이 머릿속에 잘 정리되는 것 같아 시간이 걸리더라도 이 방법으로 계속 공부하려고 마음먹고 있다. 앞으로는 어떤 공부를 하든 확실하게 기본을 잡은 뒤 오답노트로 틀린 문제를 꼼꼼하게 체크하여 최상의 결과를 낼 자신이 생겼다.

02
성적 향상효과가 뛰어나다

학생들이 학원에 다니는 이유는 무엇일까? 두말할 것도 없이 성적을 올리고 싶어서다. 부모의 손에 이끌려 억지로 왔든, 자기 스스로 알아서 왔든, 학원에서 공부를 하고 있다는 것은 조금이라도 더 좋은 성적을 내고 싶기 때문이다.

학원은 이런 학생들의 요구에 충실하게 부응해야 한다. 아무리 훌륭한 교수학습 프로그램이라고 자랑해도 성적 향상이라는 눈에 보이는 결과를 내지 못한다면 다 쓸모없는 것이 되고 마는 게 현실이다. 학습 프로그램이 좋다는 것은 아이에게 학습에 대한 동기를 유발하여 공부에 자신감을 갖게 하는 것을 뜻한다. 더 나아가 무엇보다 공부를 효과적으로 하게 하여 실력을 향상시킬 수 있다는 것을 의미한다. 유투엠의 말하는 수학은 단언하건대 성적 향상 효과가 탁월한 학습법이며, 각 캠퍼스에서 공부하는 수많은 학생들이 그것을 증명해 왔다.

2012년에 처음으로 강북 캠퍼스를 열었을 때부터 성적이 향상되는 효과를 현장에서 눈으로 직접 확인할 수 있었다. 당시 중2 기초반 학생들이 제일 두드러졌다. 유투엠에 처음 들어오면서 조사한 기초반 학생들의 수학 평균 성적이 60~70점대의 낮은 성적이었는데 10개월도 채 안 된 2학기 중간고사에서 반 전체 평균 성적이 94점을 기록한 사례가 있었다. 반 전체 성적이 무려 30점이 넘는 상승을 보인 것이다. 놀라운 것은 누구 하나 빠짐없이 학생들 모두가 90점을 넘겨 고르게 성적이 올랐다는 것이다.

성적은 선천적인 지능이 결정하는 것이 아니라 과학적인 지도와 체계적인 학습을 통해 누구든 우등생이 될 수 있다는 것을 단기간에 입증해내는 사례였다. 지도하는 교사들도 유투엠의 과학적인 학습법의 위력을 실감할 수 있는 계기가 되었다.

당시는 유투엠의 '말하는 수학' 공부법이 처음 선을 보였기 때문에 많은 사람들이 결과에 확신을 가지지 못했던 게 사실이었다. 특히 학부모들은 다른 학원에서처럼 선생님이 강의를 많이 하지 않아도 성적을 올릴 수 있다는 설명에 고개를 갸웃거렸다. 과연 아이들이 주도적으로 이끌어가는 공부 방식으로 학습효과가 있을지 반신반의하는 학부모가 많았다. 소위 잘 가르친다는 강사의 강의식 수업에 익숙해져 있는 학부모의 입장에서는 어쩌면 당연한 반응이었는지도 모른다.

하지만 중2 기초반의 사례뿐만 아니라 강북 캠퍼스 전체 학생들의 수학 성적이 대부분 큰 폭으로 올랐고, 이후 성적향상 효과가 크다는 주변 학부모들에게 입소문이 퍼지면서 마감되는 반들이 속출하였다. 이후 주변 학교의 최상위권 학생들이 대부분 유투엠에서 배출되었다는 사실이 알려지면서 학부모의 걱정은 사라졌고 정원 마감으로 쉽게 등록할 수 없는 학원이 되었다.

학생 중심의 능동적 학습이 성적을 올린다

유투엠 학습법이 학부모들로부터 인정받고 있는 데는 무엇보다 성적향상 효과가 높다는 현실적인 이유가 가장 크게 작용하고 있는 게 사실이다. 유투엠의 어떤 점이 아이들에게 수학에 대한 자신감을 갖게 하고 결과적으로 성적을 향상시키는 효과를 만들어내고 있는 것일까?

성적 향상에는 물론 여러 가지 요인이 있어 한 가지 요인만으로 설명하기에는 무리가 있을 수 있다. 그러나 우리가 볼 때 가장 큰 요인은 유투엠의 거꾸로 뒤집힌 수업 진행방식, 곧 학생 중심의 '능동적 참여학습'이 수학에 대한 자신감과 적극적 태도를 고취시켜 학습에 있어 몰입을 촉진하고 있다는 점이다.

플럽러닝에 기반한 유투엠의 학습법 자체가 학습자의 주의집중력과 자기주도적 참여를 높이는 방식이기 때문에 기존의 수동적 주입식 방식보다 훨씬 더 학습효과가 크다는 것은 재론의 여지가 없다. 공부에 몰입해서 집중하고 재미있어하는 데 성적이 올라가지 않는 게 오히려 이상한 일이 아니겠는가.

사전 예습을 하니까 본 수업시간에 자신감을 갖고 참여하게 되고, 친구들끼리 말하고 설명하고 토론하는 참여수업 방식이 학습 과정에 몰입을 촉진하는 효과를 만들어내는 것이다. 학생 중심의 능동적 참여수업 모델이 아이들의 수학에 대한 정의적 태도를 고취시키고 학습참여도를 높여 결과적으로 높은 성적향상으로 연결된다고 할 수 있다.

'인간의 뇌는 능동적으로 공부할 때에만 제대로 배운다'는 것이 신경과학계의 확고부동한 법칙이다. 기존의 주입식 수업이 아이들을 끊임없이 소극적으로 만들고 수동적으로 '수용'하는 공부 태도를 만들었다면, 아이들이 수업을 주도하는 플립러닝 유투엠의 학생 중심의 능동적 참여수업 자체가 학습에 대한 적극적 이해를 촉진하여 학습 성과를 높이고 있는 것이다.

'말하는 수학'으로 재미있게 성적을 올린다

유투엠 학생들이 성적을 올릴 수 있는 가장 큰 원동력은 재미있는 수업에 있다. 억지로 할 수 없이 앉아 있는 것이 아니라 재미있게 참여하고 즐겁게 웃으면서 수학 문제를 푼다. 특히 친구들과 어울려 수다를 떠는 걸 좋아하는 나이의 아이들이라 유투엠의 학습법이 더욱 효과적이다. 틈만 나면 친구들과 이야기하려고 하는 바람에 학교나 기존 학원에서 수업 시간마다 선생님들의 지적을 받았던 아이들은 '말하는 수학' 공부법을 만나면 그야말로 물 만난 고기가 된다.

중학교 2학년생 소영이도 매번 조용히 하라고 지적을 받았을 때는 수학 시간이 지루하고 성적 또한 평균을 넘지 못해 고민이었지만, '말하는 수학' 공부법으로 친구와 함께 의논해서 문제를 풀고 친구를 가르쳐주기도 하면서 완전히 달라졌다. 성적이 쑥쑥 올라 90점대에서 내려간 적이 없다.

소영이는 선생님이 자신에게 질문을 할 때나 토론하면서 친구들이 자기 의견에 반박하는 것을 좋아한다고 말한다. 생각을 정리하여 말로 표현하는 과정에서 학습한 개념이 머릿속에 정리가 잘 되는 것을 느끼기 때문이란다. 질문에 맞춰 답을 하고 친구들의 반박에 논리적으로 맞서야 하니 그날 배울 단원에 대해 열심히 예습을 하고 이것저것 궁금한 것에 대해 조사하기도 한다. 말을 제대로 잘 하고 논리적으로 설명하기 위해 준비를 하는 셈인데, 그것이 다 수학 공부를 잘하게 된 요인이 되었단다.

가장 학습효과가 좋고 또 아이들이 신이 나서 하는 것이 또래 가르치기다. 선생님이 되어 본다고 생각해서인지 대부분 친구들에게 설명하는 시간을 좋아한다. 특히 그동안 자기가 이해하기에는 조금 벅찼던 선생님의 방식이 아니라 또래의 눈높이에서 알아듣기 쉽게 설명하려고 노력하게 되고 설명을 잘한다는 칭찬을 듣게 되면 더욱 신이 나서 다음 단원을 준비하게 된다.

또래 가르치기는 설명을 듣는 아이에게 도움이 되는 것이라고 생각하기 쉽지만, 오히려 설명하는 학생에게 더 큰 도움이 되는 공부법이다. 자신이 아는 것을 말로 풀어서 설명하다 보면 더욱 확실하게 개념이 잡히고 오래 기억할 수 있기 때문이다.

유투엠의 공부법이 설명하고 토론하는 데 시간을 많이 보내기 때문에 혼자 문제를 많이 푸는 데 집중하는 다른 학원에 비해 공부를 덜하는 게 아닌가 걱정하는 부모도 있다. 그러나 막상 시험 성적이 향상되는 것을 확인하고 이것이 기우였음을 알게 되면 유투엠 학습법의 적극적인 지지자로 변한다. 모르는 것을 완벽하게 알고 넘어가는 것이 많은 양의 문제를 기계적으로 푸는 것보다 훨씬 효과적인 학습법이라는 것을 체감하기 때문이다.

　유투엠 아이들 중에는 다른 과목에도 말하는 학습법을 접목하여 전 과목 성적을 고루 향상시켜 전교권 성적을 유지하는 학생들도 많다. '말하는 공부'가 학습효과를 높이는 뇌과학적 학습법이라는 것을 경험을 통해 터득한 학생들이 다른 과목에 전이시켜 놀라운 성과를 내고 있는 경우다.

　물론 유투엠 프로그램은 아이들의 학교 성적을 효과적으로 향상시키자는 협소한 목적으로만 만들어진 게 아니다. 토론을 통해 '생각하는 힘'을 키우고, 서로 소통하고 협력하는 공부를 통해 핵심역량을 키우는 수학교육을 하자는 것이 유투엠의 보다 더 큰 교육적 목적이자 신념이다. 그러나 학습효과가 높아 성적을 효과적으로 높일 수 있다는 것 또한 매우 중요하다. 그만큼 유투엠의 교수학습 방식이 과학적이라는 것을 말해주기 때문이다.

성적이 오르자
자신감도 커지고

김정윤 (강서발산캠퍼스 중3)

나는 공부에는 별 관심이 없는 평범한 학생이었다. 성적도 중간 정도였고 공부에 관심도 없으니 학교에 가는 것도 그다지 신나지 않았다. 친구들도 여럿 있었지만 자신감이 좀 없어서인지 어울려도 그리 즐겁지 않았다.

여름방학도 그냥 그렇게 보내다가 문득 이러면 안 되겠다는 생각이 들었다. 부모님의 꾸지람도 있었지만 스스로 생각해도 지금처럼 해서는 희망이 없겠다고 생각했던 것이다.

그때 학기 초 학교 앞에서 받았던 유투엠 노트가 생각났다. 플립러닝에 대한 설명과 유투엠의 독특한 수업방식이 정리되어 있던 게 떠올랐다. 당장 학원에 다닐 생각은 없었지만, 노트 표지에 적힌 유투엠의 장점을 인상 깊게 보았기 때문에 기억하고 있었던 것이다.

바로 레벨테스트를 보고 학원에 등록하게 되었다. 부모님은 내가 학원에 가겠다고 하니 좋아하셨지만 큰 기대는 하지 않는 눈치였다.

달라지는 게 눈에 보이다

유투엠에 다닌 지 한 달 정도 후에 본 중간고사에서는 크게 성적이 오르진 않았다. 그러나 기말고사에서는 상황이 완전히 달라졌다. 꼬리표에 적힌 내 점수가 30점이나 오른 것을 보고 나도 모르게 크게 소리를 질렀다. 2학년이 되고 나서부터 내 수학 점수는 90점대를 안정적으로 유지했고, 반에서도 수학에 관한 한 우등생 소리를 듣게 되었다. 3학년 1학기 기말고사에서 드디어 수학 100점을 받게 되었다. 중학교 입학 후 처음으로 받은 100점이었다. 이번 시험이 좀 어려워서 전교에서도 100점이 몇 명 되지 않는다는 선생님의 말씀을 듣고 더욱 자신감을 갖게 되었다.

예전에는 어렵고 멀게 만 느껴졌던 수학이 지금은 너무나 친근한 과목이 되었다. 잘하게 되니까 자꾸 더 하고 싶어졌다. 가장 많이 달라진 것은 나도 모르게 선생님에게 질문하는 것이 자연스러워졌다는 것이다. 전에는 모르는 게 있어도 그냥 넘어가버리곤 했는데, 이젠 학원에서는 물론 학교에서도 선생님께 물어보고 친구들과 공부한 내용에 대해 이야기하는 게 좋아졌다.

새로운 것을 알아갈 때의 즐거움을 알게 된 것 같다. 예전에는 조금만 어렵고 복잡한 문제가 나와도 '망했다'는 소리가 먼저 나왔지만 이제는 '좋아, 재미있겠는데!' 하면서 정신을 가다듬고 도전하는 습관이 생겼다. 수학뿐 아니라 영어나 국어도 이렇게 적극적으로 공부를 하다보니까 자연스럽게 성적이 함께 올랐다. 성적이 오르니까 자신감이 더욱 커졌다. 수업시간에 발표도 잘하게 되고 재미있으니까 늘 신이 나고 공부가 즐거워졌다.

친구들 중에는 내가 수업 시간에 질문을 하면 공부 좀 한다고 거들먹거리는 거냐고 비난하는 아이도 있지만 가만히 보면 부러워서 그러는 거 같아서 그냥 웃으면서 받아준다. 사실 전에는 누가 조금만 싫은 소리를 해도 참지 못하고 맞대응을 해서 시비가 붙기도 했는데, 유투엠에 다닌 뒤로는 그것도 달라진 것 같다. 누가 듣기 싫은 소리를 해도 참을 수 있게 되었다.

토론 수업을 하면서 나와 다른 주장을 하는 친구들과 대화하는 법을 배운 덕분인 것 같다. 나와 다르지만 생각이 모두 틀린 것은 아니라는 걸 토론을 통해 알게 깨달을 수 있었고, 제대로 토론을 하려면 친구의 의견을 잘 들어야 한다는 걸 알게 되었다.

공부를 잘하는 친구들 중에는 누가 뭘 물어보면 자기 시간이 빼앗긴다고 싫어하는 애들이 있는데, 나는 유투엠 수업을 통해 설명해주는 데 익숙하다 보니 친구들의 질문에 내가 알고 있는 것을 가능하면 친절하게 설명해주려 하고 있다. 그러다 보니 나를 좋아하는 친구들도 많아지고 잘 어울려 지내게 되었다.

이렇게 유투엠은 나의 학교생활을 몽땅 바꾸어 놓았다. 공부가 재미있어지면서 성적이 올랐고, 성적이 오르면서 자신감이 생겨 친구들과도 친해진 것이다.

나를 보고 유투엠에 등록한 친구들이 여러 명 있다. 그 아이들도 모두 나처럼 공부에 흥미를 느끼면서 변해가고 있어서 참 기분이 좋다. 특히 친구들이 유투엠을 소개해줘서 고맙다고 말할 때는 더 좋다. 앞으로도 친구들과 함께 재미있게 공부하고 싶다.

03
집중력, 몰입도가 높아진다

아이들의 집중력과 관련해 학습 심리학 분야에서 연구한 것이 있다. 교사가 일방적으로 진행하는 강의식 수업에서는 집중할 수 있는 시간이 나이에 비례하는데 초등학교 저학년이 5분, 고학년은 10분, 중학생 15분, 고등학생이 20분 정도밖에 되지 않는다고 한다. 그런데 아이들을 50분이라는 수업에 꼼짝 못 하게 붙들어 놓으니 누군들 그 시간 내내 집중할 수가 있겠는가?

더구나 아이들은 계속 침묵을 지켜내야만 하는 이런 수업을 하루 종일 버텨내야 한다. 하루 종일 꼼짝없이 앉아서 교사가 전달하는 수업내용에 뇌가 온전히 집중한다는 것은 사실상 생물학적으로도 불가능한 일이다. 주입식 수업모델은 인간의 생리적 법칙에 맞지 않는 교육방식인 것이다.

수업에 집중하지 못하니 수업 내용을 알아듣는다는 걸 기대할 수도 없다. 수업 시간에 뭘 배웠는지조차 모르는 아이들이 배우는 내용을 기억한다는 것은 있을 수도 없다. 문제를 풀어보라고 하면 공책에 로봇 그림을 그리거나 창밖을 바라보며 멍하니 다른 생각에 잠기기도 한다. 아예 엎드려 잠을 자는 아이들도 있다.

누구 한 명이 다른 짓을 하면 전염이 되듯이 금방 다른 아이들도 따라 한다. 선생님 입장에서는 그때그때 주의를 주어도 보고 소리를 쳐보기도 하지만 아무도 반응을 하지 않는다. 아무리 소리쳐 봐야 소용이 없다는 걸 안 교사는 언제부턴가 포기할 건 속 편히 포기하고 공부 좀 한다는 아이들 몇 명만 데리고 수업을 진행한다. 아이들을 끊임없이 수동적으로 만들고 학습에 대한 흥미를 잃게 만들고 있는 우리 시대 주입식 교실의 현주소다.

자기주도 학습이 된다

유투엠의 수업도 마찬가지로 일반 강의식 수업처럼 50분으로 구성되어 있다. 그것도 3교시로 진행된다. 그렇지만 유투엠은 일반 강의식 수업과는 차원이 다른 50분이라고 말할 수 있다. 짤막한 단막극이 모여 한 편의 드라마를 만들어 내는 것처럼 유투엠의 거꾸로 교실에서는 아이들이 딴짓할 틈 없이 공부에 몰입하는 수업이 진행된다.

어디까지나 아이들이 적극적으로 참여하여 스스로 주도하는 공부를 하기 때문에 지루해질 여지가 없다. 플립러닝 방식으로 수업을 뒤집어 능동적인 참여를 이끌어내는 방식으로 수업을 진행하다 보니 아이들이 수업에 몰입하고 적극적으로 변한다.

사실 50분 3교시 수업은 초등학생의 경우에는 긴 시간이라고 할 수 있는데, 몰입해 수업에 집중하다 보니 따분해하거나 힘들어하는 아이들이 거의 없고 대부분이 재미있어 한다. 오히려 어린 학생들이 참여형 수업에 훨씬 더 빨리 적응하고 더 적극적인 모습을 보인다.

먼저 1교시 예습 시간부터가 아이들이 집중할 수밖에 없도록 수업이 진행된다. 디딤 영상 강의는 아이들의 집중력을 고려하여 한 모듈의 강의가 보통 3~4분, 가능하면 최대 5분을 초과하지 않도록 짤강으로 구성돼 있다. 개념 학습은 자신의 이해 정도와 학습 속도에 맞춰 강의 속도를 조절할 수 있다. 어떤 내용을 얼마나 빠른 속도로 들을 것인가를 스스로 주도해서 정하는 것이다.

잘 이해하기 힘든 부분은 개념 영상을 되돌려 다시 들을 수도 있다. 교사가 일방적으로 강의하는 교실에서는 학생 개개인이 이해하는 속도에 맞춰 강의 속도를 조절해 달라고 한다는 건 생각해볼 수조차 없는데, 유투엠 교실에서는 그것이 가능하다.

한 모듈의 개념을 듣고 나면 이어지는 주관식 질문 문제에 대해 답변을 해야 한다. 질문에 올바르게 답변하기 위해서는 개념 강의에 계속 집중해야만 한다.

개념 강의를 들은 후 그 단원에서 꼭 알아야 할 핵심 내용은 개념 노트에 스스로 정리하도록 되어 있다. 다시 한 번 개념을 요약하고 정리하면서 학습내용을 자기 것으로 만들도록 시스템화한 것이다.

2교시 본 수업은 예습했던 기본 개념에 대해 선생님이 질문하는 것으로 시작되는데 서로 답을 하겠다고 손을 들면서부터 활기차다. 순식간에 선생님의 개념 확인 질문과 아이들의 답변이 끝나면서 문제풀이가 시작된다. 이때도 역시 다른 곳에 정신을 팔 수가 없다. 책과 함께 각자의 책상에 놓인 노트북을 이용해 문제를 풀고 푸는 즉시 정답이 확인되어 칠판에 띄워지기 때문이다.

선생님은 다시 질문한다. 왜 정답이 그렇게 되는지, 그렇다면 틀린 사람은 어디에서 실수를 한 것인지 등등. 답을 하려면 선생님의 질문에 대해서도 생각해야 한다. 조금 전 개념영상 강의에서 들은 것 같은데 하며 생각하는 순간 옆에 앉은 친구가 설명하기 시작한다.

질문수업뿐만 아니라 또래 가르치기, 거꾸로 설명하기, 토론 발표 수업으로 이어지는 2, 3교시의 말하기 수업은 아이들을 계속 생각하게 하고 정신을 집중하게 만든다. 질문에 답변하기 위해 생각하고 답변하는 것 자체도 생각하는 것이다.

친구를 가르치기 위해서는 학습한 내용을 능동적이고 의식적으로 머릿속에서 구성해내야 한다. 교사에게 자기가 푼 문제를 거꾸로 설명하려면 생각을 집중하여 문제의 해결 과정을 논리적으로 정리해내야만 한다. 친구와 토론하기 위해서도 친구의 이야기에 집중하고 내 생각을 이야기하기 위해서 온전히 정신을 집중해야만 한다.

집중하다 보니 시간이 금방 흘러간다. 할당되는 시간이 짧아서가 아니라 서로 이야기하며 활발하게 생각을 서로 소통하다 보면 시간이 금방 지나가는 것처럼 느껴지는 것이다.

주인공은 한눈팔지 않는다

아이들이 유투엠 수업에 집중하는 이유는 그들 개개인 모두가 주인공이기 때문이다.

때로는 선생님보다 더 많이 말을 하고 칠판에 직접 풀이 과정을 쓴다. 알고 있는 것을 표현하고 모르는 것을 적극적으로 질문한다. 또래 가르치기, 토론과 발표, 거꾸로 설명하기 등 모든 말하기 학습은 학생 스스로가 주도하는 것이다. 선생님이 어른의 언어를 써서 일방적으로 주입하는 방식이 아니라 아이들이 그들 눈높이에 맞는 말로 이해하기 쉽게 설명하기 때문에 듣는 친구도 금방 고개를 끄덕거리게 된다.

유투엠 교실은 아이들 모두가 서로 적극적으로 수업에 참여하고 서로 소통하는 수업이기 때문에 주입식 강의실에서는 결코 볼 수 없는 장면들을 연출한다.

아이들은 번갈아 주인공이 되기 때문에 다른 데 정신을 팔거나 친구에게 장난을 치거나 할 여유가 없다. 이번에는 선생님의 질문에 옆자리 친구가 시원하게 답을 하면서 주인공이 되었으니 다음 토론에서는 내가 멋지게 주장을 펼쳐 주인공이 되어야겠다고 다짐할 뿐이다. 저절로 의자를 바짝 당겨 앉아 수업에 열중하게 된다. 학생이 주인공인 유투엠 교실에서는 수업시간에 집중하지 못해 졸거나 장난을 치다가 수업 분위기를 망치는 아이들을 찾아보기 어렵다.

유투엠에서의 수업은 아이들을 끊임없이 조용히 시키면서 계속 듣기만 하게 만드는 수동적인 학습과는 정반대다. 아이들이 배운 내용을 출력해내고 자신들의 생각을 능동적으로 표현해내는 수업이 바로 유투엠의 학생 중심 참여수업이다. 학생 중심의 능동적인 참여수업이 아이들의 학습태도를 자기주도적으로 바꾸고 학습에 몰입하는 공부 습관을 만들어내고 있는 것이다.

04
메타인지 능력이 향상된다

아이들이 모르는 것은 당연하다. 잘 모르는 것이 있고 성적이 부족하기 때문에 과외도 하고 학원도 찾을 것이다. 모르는 것이 많더라도 자신이 모르고 있다는 사실을 알 때에는 희망이 있다. 모른다는 사실을 안다고 해서 자신의 부족한 실력이 갑자기 좋아지는 것은 아니지만, 모르는 것을 알아내려고 자신을 채근할 가능성이 있기 때문이다.

그러나 뭘 모르는지조차 모르는 아이라면 상태가 좀 심각하다. 공부를 잘하지 못하는 아이들의 특징이 있다. 모르면서 알고 있을 거라고 대충 생각하면서 그냥 넘어가는 것이다. 스스로를 속이면서 맘 편히 살아가는 것이다. 공부하는데 제일 위험한 것이 모르면서 안다고 착각하는 것이다. 모르면서 안다고 착각하고 있으면 모르는 것을 피드백을 통해 알아가는 시도 자체가 차단되기 때문이다. 모르는 것을 알 기회 자체가 원천 봉쇄되는 것이다. 자신이 모르는 것을 정확하게 잡아내는 데서부터 진짜 공부가 시작된다. 그러기 위해서는 안다는 착각에서 벗어나야 한다.

마크 트웨인은 "인간이 곤경에 빠지는 건 뭔가를 몰라서가 아니다. 뭔가를 확실히 안다는 자기중심의 착각 때문이다"라고 말한 바 있다. 공자 역시 "아는 것을 안다고 하고, 모르는 것을 모른다고 하는 것, 이것이 진정한 앎이다(知之爲知之, 不知爲不知, 是知也)"라고 설파했다.

분명히 수업시간에 잘 듣고 이해도 하여 알고 있다고 생각했는데 막상 질문을 하거나 테스트를 해보면 그때에서야 자신이 모른다는 것을 깨우치는 아이들이 많다. 그런데 진짜 심각한 아이들은 자신이 모른다는 것이 뻔히 드러났는데도 모른다는 것을 인정하지 않는다. 그러면서 "아는 문제인데 틀렸다", "또 실수했다"라고 우긴다. 그런데 정말 아는 것인데도 실수로 틀렸을까?

아는 것과 안다고 생각하는 것은 분명히 다르다. 진짜 알고 있는 학생은 문제를 푸는 핵심이나 푸는 방법이 어떤 것인지 설명해보라고 하면 막힘이 없다. 하지만 알고 있다고 착각을 하는 아이는 같은 문제를 계속 틀리고 답안을 보고 난 뒤에야 '아, 그래, 이거 나 아는 거야!'라고 한다. 이는 메타인지의 차이 때문이다.

메타인지란 자기 자신이 인지하고 있음을 인지하는 것, 즉 '자신이 알고 있는지 모르고 있는지를 안다'는 의미다. 뇌가 스스로를 분석하는 자기성찰 능력이다. 1970년대 발달 심리학자인 존 프라벨이 만든 메타인지라는 용어는 '자신의 생각에 대해 스스로 성찰하고 판단하는 능력'을 말한다.

이 메타인지 능력이 좋지 않으면 자신이 잘 모르는 것도 안다고 착각하기가 쉽다. 자기의 수준을 명확하게 파악하지 못하기 때문에 어떤 것을 더 보완해야 하는지, 어떻게 공부해야 하는지 계획을 세울 수가 없다. 토대가 불안한 땅에 튼튼한 건축물을 세울 수 없는 것과 마찬가지다.

수영을 배우는 아이를 예로 들어서 메타인지를 설명하곤 한다. 수영을 한 달 정도 배운 아이가 있는데 '내가 100m를 완주할 수 있을까'를 스스로 판단한다고 했을 때 메타인지 능력이 높은 아이라면 완주 여부를 판단하는 것은 물론, 만약 완주를 할 수 없다면 체력이 부족한지 기술이 부족한지도 스스로 판단할 수 있다. 자신의 능력과 한계를 정확하게 파악해서 필요한 곳에 시간과 노력을 투자해 최고의 결과를 낼 수 있는 것이다.

'말하는 수학'은 메타인지를 키운다

최상위권 학생들이 같은 시간을 공부하더라도 학업성취도가 높은 이유는 바로 메타인지 능력이 발달해 있기 때문이다. 최상위 0.1% 학생들이 뛰어난 결정적인 차이는 IQ가 아니다. 바로 메타인지의 차이다. 네덜란드 라이덴대학의 베이만 교수는 "25년 동안 연구한 결과 IQ는 성적의 25%를 설명해주지만, 메타인지는 성적의 40%를 설명해준다"고 했다. 공부를 잘하기 위해서 갖추어야 할 가장 결정적인 역량은 바로 메타인지라는 것이다.

메타인지 능력을 키우는 게 학업성취도를 높이는 결정적인 요인이다. 그렇다면 어떻게 메타인지를 키울 수 있을까? 바로 '말하기'다. 메타인지를 키울 수 있는 특급 비결은 바로 '말하는 공부'에 있다. 말로 설명해 보는 것을 반복하는 것이 이러한 능력을 키우는 가장 효과적이면서 강력한 방법인 것이다.

배운 것을 말로 설명해보면 안다. 누구에겐가 나의 생각과 지식을 설명하다 보면 내가 아는 것과 잘 모르면서 안다고 착각했던 것이 명확하게 구분된다. 내가 알고 있고 확실하게 이해한 것은 남에게 분명하고 막힘없이 설명할 수 있다. 그러나 안다고 생각했는데 막상 설명하다 보니 중간중간 막힌다는 건 내가 모르고 있거나 대충 알고 있는 것이다. 말하는 과정을 거치면서 학습자는 스스로 자신의 인지상태를 파악하는 것이다.

유투엠의 '말하는 수학' 공부법은 수학을 공부하면서 동시에 메타인지를 키우는 최고의 학습법이다. 아이들은 질문에 답변하고 선생님에게 설명하고 친구를 가르쳐주면서 스스로의 이해상태를 계속 모니터링한다. 잘 설명할 수 있는 것은 다시 한번 더 꺼내는 공부를 하면서 머릿속에 지식을 각인하는 기회를 얻고, 잘 설명할 수 없는 것은 자신이 모르는 것이므로 친구의 설명에 집중하거나 교사의 피드백을 통해 모르는 것을 해결하는 프로세스가 진행되는 것이다.

'말하는 수학'은 학습 역량을 키운다

메타인지를 키워 학습역량을 성장시키는 공부가 진짜 공부다. 이게 바로 '말하는 공부'다. 학습효과를 높이고 학습역량을 키우기 위해서는 질문하고, 답변하고, 가르쳐 보고, 설명해 보고, 토론해 보는 과정, 한마디로 말하는 공부가 반드시 필요하다. '말하는 공부'야말로 학습한 내용이나 지식을 완벽하게 내 것으로 만들어 성적을 향상시키는 최고의 '메타인지 학습법'인 것이다.

오늘 배운 수학적 개념이나 원리, 또는 문제풀이 과정을 친구들과 토론하고 설명해보자. 처음에는 말로 설명하기 위해 준비를 하게 되고, 말로 설명하다 보면 모르는 것이 무엇인지 확실하게 알게 되며, 이 부분을 알기 위해 살피다 보면 완벽하게 이해하는 순간이 온다. '말하는 수학' 공부를 계속해서 진행하다 보면 자신이 모르는 것이 무엇인지를 깨닫는 속도가 점점 빨라진다. 메타인지 능력이 쌓이는 것이다.

또한 스스로 깨닫지 못하더라도 질의와 응답, 토론, 거꾸로 설명하기, 또래 가르치기 등의 과정에서 친구와 선생님의 문제제기와 피드백, 오류 수정 등의 도움을 받게 되므로 자신도 모르게 스스로 알고 있는 것과 모르는 것, 알고 있다고 착각하는 것에 대한 구분이 더 쉽고 빨라진다. 역시 메타인지 능력이 향상되는 것이다. 그렇게 되면 모르는 것에 집중하여 학습하는 영역을 확대하기가 쉬워지므로 자연스럽게 학습효과를 최대로 끌어 올릴 수 있게 된다.

유투엠의 '말하는 수학' 수업에서는 자신이 아는 것을 드러내어 말로 표현해야 하기 때문에 스스로를 속일 수가 없다. 말이 막히거나 설명 과정이 논리에서 벗어나 이상해지면 확실하게 아는 것이 아니라는 게 그대로 드러나기 때문이다. '말하기'는 효과적인 공부를 가로막는 최대의 장벽인 '착각'으로부터 학습자의 뇌를 보호해준다고 할 수 있다.

학생 중심의 참여수업을 전면화하여 '말하는 수학' 학습법으로 공부한 학생들이 기존의 수동적 주입식 교실에서보다 훨씬 뛰어난 성적향상 결과를 보여주는 것은 바로 유투엠의 차별화된 학습법이 메타인지 능력을 키워주고 있기 때문이다.

메타인지가 발달하면 낭비하는 시간이 줄어들어 학습효율이 높아진다. 명확하게 아는 것은 점검만 하면 되고, 모르는 부분을 집중 공략할 수 있기 때문이다. 자연히 효율적인 학습이 가능해지고 최고의 성과를 내는 일도 쉬워진다.

결국 메타인지를 높이는 일은 학생의 학습 역량을 근본적으로 키우는 일이다. 그릇이 커지면 담을 수 있는 내용물이 커지는 것처럼 메타인지 능력을 키우면 더 많이, 더 빨리 지식을 담을 수가 있다. '말하는 수학'이 메타인지를 키우는 최고의 수학 공부인 이유다.

아는 것과 모르는 것을 확실하게 안다

손예빈 어머니 (미사캠퍼스)

우리 예빈이는 열심히 공부하는 아이다. 학교에서도 학원에서도 성실하게 해야 할 것들을 해왔다고 자부한다. 하지만 공부하는 만큼 성적이 나오지 않았다. 특히 수학은 들이는 시간에 비해 성적이 초라해 공부했다고 말하기조차 싫어할 정도였다. 시험을 앞두고 혼자 끙끙대며 문제집을 풀곤 했지만 선생님이나 친구들에게는 공부를 많이 하지 못해서 성적이 별로라고 말할 정도였다.

옆에서 보기가 너무 안쓰러워 수소문 끝에 유투엠 학원에 보내게 되었다. 주변에서 효율적으로 수학을 가르치는 학원이라고 하는 말을 들었기 때문이다.

초등학교 때부터 여러 학원을 보내봤지만 별 효과가 없었기 때문에 이번에도 크게 기대하지 않았다. 다만 상담을 하면서 수업 방식에 대해 설명을 들을 때 다른 곳과는 약간 특이한 점이 있구나 하는 생각만 했을 뿐이다.

그런데 유투엠에 다닌 지 얼마 되지 않았을 때부터 예빈이가 "이 학원은 좀 다르다"고 했다. 뭐가 다르냐고 했더니 재미도 있고 집중도 잘되는데 무엇보다 자기가 뭘 모르는지를 알게 된다는 거였다. 질문에 답을 하거나 친구에게 설명하느라 말을 하다 보면 자기가 아는 것과 모르는 것을 분명하게 깨닫게 된다는 것이다. 자신이 모르는 게 무엇인지 알게 되니 그걸 집중적으로 보완하면 문제를 푸는 게 엄청 쉬워진다며 약간 흥분한 듯 이야기했다.

그 이야기를 들으면서도 설마 하는 마음이 들었는데 다음 학기 예빈이의 수학 성적을 받고 나서 유투엠의 학습법이 확실히 다르다는 것을 확신할 수 있었다. 암만 공부를 해도 70점을 넘지 못했던 예빈이의 수학 성적이 96점까지 올랐기 때문이다.

다른 과목도 말하는 학습법으로

원래 성실하게 공부하는 타입이었기 때문에 예빈이는 공부법을 터득한 뒤에 성적이 금방 올랐다. 어쩌다 실수해 한두 문제 틀릴 때도 있지만 이젠 웬만하면 100점을 받는 게 어렵지 않다.

학교 선생님도, 예빈이 친구 엄마들도 너무 대견해 하면서 도대체 어떻게 공부를 시켰냐고 물어 보길래 유투엠 덕분이라고만 했다. 그렇게 좋냐면서 대뜸 학원을 바꾸는 엄마도 있었지만 어떤 엄마는 유투엠의 수업 방식이 뭐가 달라서 그렇게 성적이 오르는 건지 더 자세히 알고 싶어 했다.

그 말을 듣고 보니 나 또한 유투엠의 학습법에 대해 좀 더 자세히 알고 싶었다. 학원에 방문하여 안내 책자도 다시 보고 상담도 깊이 있게 해봤다. 담임 선생님과 면담하는 과정에서 중요한 이야기를 들을 수 있었다.

예빈이가 공부법을 바꾸면서 학습효율을 높이는 효과적인 공부 방법을 터득한 때문이라고 했다. 예빈이가 말하는 공부에 익숙해지면서 모르는 것과 아는 것을 정확하게 파악하고 모르는 것을 쉽게 보완하는 나름의 방법을 체계화한 것 같다고 했다. 공부 잘하는 아이들일수록 메타인지 능력이 높은데 우리 예빈이가 유투엠에 다니면서 그 능력이 좋아진 것 같다는 것이다.

선생님의 말씀을 듣고 보니 예전에 예빈이가 했던 이야기가 떠올랐다. 그랬다. 유투엠에 가기 전과 비교할 때 예빈이가 확실히 더 효과적이고 과학적인 공부 방법을 터득하고 있는 것이 분명했다.

집에 와서 예빈이와 메타인지 능력에 대해 이야기했다. 예빈이는 자기도 선생님에게 그 이야기를 들은 적이 있다면서 자꾸 말로 설명하면서 문제를 풀다 보니까 모른다는 사실을 깨닫는 시간도 빨라졌다고 했다. 처음에는 한참을 설명하다가 아, 내가 제대로 모르는구나 하고 생각했는데, 이제는 설명을 하려고 머릿속으로 혼자 정리를 하다 보면 자신도 모르게 그걸 알게 되기도 한단다. 그러면 얼른 보충할 수 있고 그만큼 실수가 줄어든다고 했다.

이제 예빈이는 다른 과목도 말하는 학습법으로 공부한다. 그전에는 책상 앞에 가만히 앉아서 책만 들여다보았는데, 이제는 큰 소리로 낭독하면서 책을 읽기도 하고 개념이나 원리를 혼자 말로 설명하는 광경을 종종 목격하곤 한다.

시끄러워 공부가 될까 싶기도 할 때가 있지만, 아이가 공부하는 방법을 터득하고 재미있게 즐기는 것 같아서 너무 보기가 좋다. 물론 성적이 고르게 오른 것도 너무 기쁘다.

공부는 엉덩이가 하는 거라고, 인내심을 가지고 책상 앞에 오래 앉아 있어야 한다고들 했는데 이제 공부하는 방법도 달라져야 할 때가 됐다는 것을 실감하고 있다.

05
사고력, 창의력이 길러진다

인터넷이 발달하면서 우리가 잃어가고 있는 것이 있다. 바로 사고력 즉, '생각하는 힘'이다. 궁금한 것이 있으면 스마트 폰을 뒤지고, 어려운 질문을 받으면 곧바로 인터넷을 검색한다. 모르는 것이 있거나 궁금한 것이 있을 때 먼저 생각하고 궁리하는 시간을 거쳐야 하는데, 생각하는 과정을 뛰어넘어 바로 검색으로 간다. 스스로 생각하는 것이 아니라 남이 내어 놓은 여러 가지 지식에서 마음에 드는 답을 골라내는 것이다. 인터넷과 디지털이 생각하지 않는 사람을 키우고 있는 것이다.

안타깝게도 아이들까지 이렇게 변하고 있다. 아이들은 세상에 대한 온갖 호기심과 실험정신을 가지고 태어나지만, 특히 주입식 교육이 지배하고 있는 우리나라 교실의 억압적 학습문화가 질문하고 생각하는 능력을 빼앗고 있다. 교실에서 매번 '조용히 해'를 듣고 자라는 아이들은 고학년으로 갈수록 질문할 줄도, 자기 생각을 표현할 줄도 모르는 벙어리 신세로 전락하는 것이다.

'생각하는 힘'이라는 것은 문제가 어떤 것인지 파악하고, 이전의 경험을 바탕으로 이런저런 아이디어를 찾아내며, 그중에서 가장 효과적인 것을 탐구하여 문제를 해결하는 능력을 말한다.

세계경제포럼에서는 미래 인재의 10가지 핵심역량을 선정하면서 첫 번째로 비판적 사고능력 즉, 비판적 관점에서 문제를 해결할 수 있는 능력을 꼽았다. 남이 알려준 방식이 아니라 자기만의 관점에서 생각하고 여러 각도에서 살펴보기도 하면서 상황에 맞게 문제를 풀어내는 능력이 미래를 이끌어나갈 인재에게 꼭 필요한 역량이라는 것이다. 그런데 안타깝게도 이러한 능력, 곧 '생각하는 힘'이 우리 아이들에게서 사라져 가고 있는 것이다.

끊임없이 뇌를 자극하라

학습은 단적으로 뇌의 신경망에 변화를 만들어내는 것이다. 뇌를 자극하려면 학생들이 학습 과정에 능동적으로 참여하여 지식을 구성해내는 활동을 하고, 그들의 뇌가 새로운 정보나 지식을 능동적으로 처리하도록 만들어야 한다.

수동적 학습이란 건 본래 존재하지 않는다는 것이 바로 여기에서 유래한다. 학습자가 주의를 기울이지 않으면서 수동적으로 공부할 때에는 신경 연결망에 의미 있는 변화가 나타나지 않기 때문에 학습이 이뤄지지 않는다.

가만히 앉아서 일방적으로 전달하는 강의를 편안하게 듣기만 하는 공부는 뇌 신경망의 의미 있는 연결이나 생성을 이끌어내지 못할 가능성이 높다. 학습자가 강의에 주의를 집중하여 잘 배울 경우에도 그 지식을 자신의 머릿속에서 다시 구성해내는 능동적인 학습활동이 뒤따르지 않으면 그 기억을 만들어내고 있는 뉴런들의 연결이 약해지거나 끊어져 버린다. 신경 세포들의 연결이 끊겼다는 것은 배우기는 했지만 배운 지식을 장기기억으로 구성해내지 못하고 잊어버렸다는 의미다. 듣기만 하는 공부는 하루만 지나도 대부분의 내용을 기억해내지 못하는 이유다.

뇌가 능동적으로 주의를 기울이고 의식적으로 노력을 기울이는 공부만이 실력에 의미 있는 변화를 만들어낸다. 학생들이 주도적으로 참여하는 학습활동을 통해 뇌가 긴장하고 부하를 받아야 의미 있는 학습이 생성되는 것이다.

생각과 창의성이라는 것도 사실 뉴런의 연결이다. 생각하는 힘을 기르고 창의성을 자극하려면 뇌가 비판적 창의적으로 생각을 연결하도록 질문해야 한다. 질문하려면 생각이 필요하다. 질문하는 것 자체도 생각을 여는 것이다. 질문에 답하려면 생각하고 궁리해야 한다. 질문을 장려하고 토론 속에서 생각을 교환해야 아이들의 뇌는 계속 생각을 끄집어내기 위해 의식적으로 노력하는 것이다.

결국 사고력과 창의력을 기르려면 수업시간에 끊임없이 말하게 해야 한다. 입을 열어 질문을 하고 자기 생각을 이야기하도록 장려해야 한다. 적극적으로 질문하고 답변하고 토론하고 설명하게 해야 두뇌가 쉴 틈 없이 자극되고 끊임없이 생각하기 때문이다.

수학은 수식과 기계적 문제풀이만 있는 과목이 아니라 매우 창의적인 학문이다. '왜' 그렇게 되는지에 대한 원리를 탐구하고 수식이 왜 성립이 되는지를 이해하는 공부이며 그림, 그래프, 방정식, 확률 등 다양한 형태로 무궁무진하게 발전시켜 나아가는 분야이다. 이 모든 과정에는 어떻게 하면 될까, 왜 그럴까 하는 호기심과 질문, 그리고 탐구심이 필요하다.

말하기는 사고력과 창의력을 키운다

유투엠의 교실에서 선생님들이 가장 많이 하는 질문은 "너는 어떻게 생각하니?"와 "왜 그렇게 생각하니?"이다. '어떻게'와 '왜'라는 키워드를 가지고 아이들의 뇌를 끊임없이 자극하는 것이다. 질문과 토론, 또래 가르치기 및 거꾸로 설명하기 등의 '말하는 공부'를 통하여 뇌가 끊임없이 자극을 받으며 사고를 이어나가기 때문이다. 스스로 생각을 정리하고 타인에게 설명하는 과정에서 효과적으로 성과를 내기 위해 뇌는 계속해서 생각을 거듭하는데 이 과정에서 사고력과 창의력이 향상된다. 중요한 것은 스스로 생각하고 비판적으로 사고하는 능력을 키우는 것이다.

그래서 말하는 수학에는 질문이 넘쳐난다. 단순히 결과를 암기하는 것이 아니라 문제의 시작과 과정에 대한 질문과 토론으로 수업이 채워진다. 생각을 하게 만드는 것이다. 또 말로 자신이 알고 있는 것을 표현하게 되므로 수업 시간에 다른 생각을 하거나 멍하니 앉아 있을 수가 없다. 게다가 그 생각하는 과정이 재미있기도 하다.

생각도 자꾸 하면 더 잘하게 된다. 말하는 수학으로 자기만의 생각을 하게 된 아이들은 선생님에게 하는 질문도 남달라진다.

"답이 뭐예요?" "어떻게 풀어요?"라는 식의 단순한 질문에서 "이렇게 푸는 게 공식인데, 왜 그렇죠?" "저는 선생님 풀이방법과 다르게 풀었는데, 이게 논리적으로 맞나요?" 하는 식으로 세분화되고 날카로워진다. 다른 친구들이 생각하지 못한 방법을 말하는 날은 신바람이 나서 더 많이 손을 든다.

유투엠 수업은 학생들이 주도하는 것이 교수학습법상의 대원칙이다. 어디까지나 아이들이 주도적으로 생각하고 더 많이 질문하고 더 깊이 생각하게 해야 한다. 그래야 아이들의 생각 그릇이 커지고 '생각하는 힘'이 성장한다.

문제의 해답을 교사가 먼저 제시하는 것이 아니라 학생들 스스로 답을 찾는 방식을 생각해 내도록 도와주어야 한다. 그래야 탐구력과 생각하는 힘이 커진다. 풀이 방법을 일일이 설명해주면서 가르치면 선생님은 더 편할 수 있지만, 반대로 아이들은 스스로 생각할 기회를 더 많이 박탈당하고 만다.

유투엠에서 공부하는 학생들은 모르는 문제가 나와도 포기하지 않고 생각한다. 이전에 배웠던 개념 원리 중 어떤 것을 끌어다 대입하고 적용하면 풀어질지 고민한다. 시간이 걸려도 궁리하고, 친구들과 의논한다.

유투엠의 '말하는 수학' 교실에서 아이들은 질문하고 토론하고 설명하고 말하면서 수학적 지식을 습득하고 문제해결력을 기르는 것이지만, 동시에 소통하고 협력하는 공부를 통해 사고력과 창의력을 함께 키우고 있는 셈이다. 미래 인재에게 필요한 핵심 역량을 키우고 있는 것이다.

자기표현 능력을 기르다

자기표현의 시대다. 자신의 생각을 설득력 있게 소통하고 논리적으로 표현하는 것이 갈수록 중요해지는 시대를 살고 있다. 생각을 조리 있고 논리적으로 표현하는 능력은 큰 자산이다. 자신이 가지고 있는 것을 표현하지 못한다면 제대로 평가 받을 수 없기 때문이다.

요즘은 면접이 중요하게 여겨지기 때문에 더욱더 자신을 표현하는 능력이 중요해지고 있다. 세계 최고의 기업에서는 이미 오래전부터 학벌과 스펙은 쳐다보지도 않는다. 심층면접을 통해 핵심역량을 가진 인재인지를 평가한다.

상위권 대학 입시의 주요 관문이 된 수시 학종에서도 논술이나 면접과 같은 범교과 지식이나 활동이 매우 중요해졌다. 따라서 다양한 학생 중심의 참여수업을 통해 말하기, 쓰기, 의사소통

등의 능력을 키우는 것은 입시에서도 유리한 고지를 선점하는 공부 방법이 아닐 수 없다.

특히 학생부 기록과 함께 심층면접이 중요한 학종에서는 사고력과 논리적인 말하기 훈련 또한 매우 중요하다. 수시 면접은 정답을 맞추는 시험이 아니다. 정답이 아니라 학생들이 어떻게 생각하고 생각한 것을 어떻게 논리적으로 설득력 있게 말하는지가 중요하다. 수시 면접에서 중요하게 생각하는 평가 항목은 논리성, 비판적 사고력, 창의적 문제 해결력 등이다. 그런데 이러한 능력은 지필 평가 성적과 관계없이 편차가 생각하는 것 이상으로 크다는 것이 입시 관계자들의 공통된 의견이다. 주입식 교실에서 입을 다물고 듣기만 하는 수업을 해온 아이들은 입을 열어 자기 생각을 말하는 것 자체가 너무 힘든 일인 것이다.

또래끼리 서로 설명하고 가르치고 선생님에게 거꾸로 설명하면서 익힌 자기 표현 및 의사소통 능력은 유투엠 아이들에게 대학입시 면접에서 크게 도움을 줄 것이다.

또한 팀별 토론을 통해 나온 학습 결과를 발표하고 의견을 개진하는 과정에서도 유투엠 아이들은 발표 능력과 말하기 능력을 비약적으로 발전시키고 있는 것이다.

06
자존감이 오르고 적극적이 된다

우리 사회는 유난히 성취 지향적이고 경쟁이 심하다. 어느 개그맨이 유행시킨 '1등만 기억하는 더러운 세상'이라는 말은 순위 매기기에만 열을 올리고 최고만을 추구하는 대한민국의 일그러진 자화상을 아주 단적으로 표현한 것이었다.

　요즘 부모들은 많이 달라지고 있다고들 하지만 아직도 많은 분들이 아이들이 시험을 봤다고 하면 가장 먼저 "몇 개 틀렸어?", "100점 맞은 애는 누구야?" 하고 물어본다. 아이들은 이런 질문 앞에서 100점을 맞지 않은 자신은 열등아고 100점 맞은 옆집 철수와 자신이 비교되고 있다는 것을 본능적으로 느낀다.

체면을 중시해 온 문화가 아직도 뿌리 깊게 남아 있는 탓인지 한국 사람들은 다른 사람과 비교해 뒤처지지 않으려고 애를 쓰는 경향이 있다. 본인의 경우도 그렇지만 특히 자식의 일이라면 더욱 팔을 걷어붙이고 남보다 낫게 만들려고 애쓴다.

그러다 보니 "옆 집 누구는 이번에도 전 과목 100점을 받았데", "내 친구 아들은 또 전교 1등을 했다더라" 하는 식으로 누군가를 빗대 더 열심히 할 것을 독촉한다.

이런 잔소리를 계속 듣는 아이들은 어느 순간부터 뭔가를 할 때 자신이 얼마나 재미있었는지, 만족하는지가 아니라 옆집 누구보다 잘했는지 못했는지를 먼저 생각하게 된다. 모범생의 대명사처럼 되어 버린 '엄친아'를 기준으로 자신을 평가하는 것이다. 자존감이 한없이 낮아져서 거의 사라질 지경에 이른다.

자존감이 오르면 성적도 오른다

자존감은 자기 스스로를 가치 있게 인식하는 것을 말하는데, 이것이 낮아지게 되면 스스로를 믿지 못하기 때문에 가장 중요한 결정적 학습동기를 잃어버리게 된다. 어려운 문제를 피하려고만 하고 다른 사람의 평가에 연연하게 되면서 늘 눈치를 본다. 공부를 하는 내적 동기를 잃고 남의 시선에 맞춰 공부를 하는 수동적인 아이로 전락하게 되는 것이다.

자존감이 낮은 아이들은 어려운 문제가 제시됐을 때 문제를 풀겠다고 적극적으로 나서지 않는다. 틀릴 것이 겁나고 선생님과 친구들에게 공부 못하는 아이라고 평가받을까 두려워하는 것이다. 계속 그런 태도로 수업에 임하면 절대 실력이 늘지 않는다.

질문을 받으면 많은 아이들은 '내가 말하는 게 틀린 답이면 어떻게 하지'라고 걱정부터 한다. 소극적인 태도가 내면화되는 것이다. 하지만 자존감이 높은 아이는 금방 '내가 왜 틀려'라고 생각을 바꾸고 또 '틀리면 어때' 하면서 발표하려고 손을 든다. 맞고 틀리는 것보다 발표하고 싶은 자신의 마음이 중요하기 때문이다. 다른 사람이 자신의 실수를 두고 비난하거나 놀릴 거라는 생각은 아예 하지 않는다.

이런 아이들은 아주 작은 일에서 성취감을 찾는다. 답변이 틀렸더라도 제일 먼저 손을 든 것에 만족하고, 적어도 도입 부분은 깔끔하게 말했다는 식으로 뿌듯해 할 것들을 찾아낸다.

유투엠의 말하기 수학 학습법은 자존감 높은 아이들이 스스로를 격려하는 방식에 주목했다. 작은 성취감을 반복해서 느끼도록 프로그램을 만들었다. 기본적인 개념을 다루는 디딤 개념영상 학습부터 2교시 기본 유형에 대한 질문 수업, 그리고 3교시 응용 심화 학습까지 나선형으로 상승하는 학습 프로세스에 따라 학습을 진행하는 모든 아이들이 성취감을 갖고 쉽게 이해할 수 있도록 학습과정을 설계했다.

입만 열면 "틀리면 어떻게 해요?", "아마 틀릴 거에요"라고 말했던 수진이도 처음 며칠 수업을 받는 동안 망설이며 작은 목소리로 말했던 답을 두고 선생님이 "잘했어!"라고 크게 외쳐주자 주저하는 시간이 줄어들었다.

선생님은 수진이에게 문제풀이는 당연히 틀릴 수 있는 거라고 틈만 나면 말해 주었다. 실수하는 것은 학생들의 특권이니 마음 놓고 해도 된다, 학생이 틀려야지 선생님이 틀리면 되겠냐고 말이다.

토론이나 또래 가르치기 때는 친구들이 수진이가 성취감을 갖도록 도와주었다. 수진이가 자기 생각을 이야기하거나 발표할 때면 격렬하게 맞장구를 쳐주고 좋아해주었던 것이다.

그 덕분에 수진이는 금방 학습 태도가 바뀌었다. 여전히 선생님이 실망할까 봐 걱정하는 눈빛을 보이기는 하지만 질문을 받으면 망설이지 않고 대답하고 곧잘 발표하겠다고 손을 든다. 자존감이 살아나면서 학습태도가 적극적으로 변한 것이다.

수진이 말고도 유투엠 수업에 참가하는 대부분의 아이들은 수업태도가 적극적으로 바뀐다. 원래 자존감이 높고 적극적이었던 아이들은 물을 만난 물고기처럼 더욱 그렇게 된다. 유투엠에서 공부하는 아이들은 거의 대부분이 설문조사에 "공부가 재미있어요"라는 반응을 보인다. 아이들은 커진 자존감을 재미라는 말로 표현하고 있는 것이다.

자신의 생각을 물어봐주고 존중해주는 유투엠의 학생중심 수업이 아이들의 자존감을 키우고 있는 것이다. 우리 아이들이 자존감을 내면화하는 공부가 필요하다. 자존감을 탄탄하게 구축해야 공부를 잘하기 때문이다.

서로 칭찬하고 격려한다

강의실 전체의 분위기가 능동적으로 변한다. 완벽하지는 않지만 발표해도 괜찮다는 분위기가 조성되면서 부족하지만 친구에게 설명해보고 싶은 의욕이 생긴다. 아이들은 부족하면 부족한 대로, 틀리면 틀리는 대로 풀이 과정과 방법을 당당하게 발표하게 된다. 그렇게 수업이 어느 정도 진행이 되면 유투엠 교실에서는 아이들이 더는 실수하는 것을 겁내지 않는다. 잘못한 것을 지적 받으면 고치면 되고, 그렇게 다시 한 번 공부하는 것이기 때문이다. 때로는 선생님들의 노하우가 아이들을 적극적으로 변화시키는 촉매제가 되기도 한다.

신규 학생들로만 학급이 구성될 경우는 모두 다른 학교, 다른 성향의 아이들로 편성이 되기 때문에 더 소극적일 수 있다. 이럴 때는 유투엠의 학습 방법 중 하나인 2인 팀별 수업을 진행하는데 될 수 있으면 문제 해결력이 좋은 학생과 그렇지 않은 학생으로 짝을 지워주는 것이다. 같은 팀으로 묶인 친구들은 머리를 맞대고 의논하며 문제를 해결하다 보니 서로에 대한 신뢰와 유대감이 생기고, 문제를 풀지 못한 다른 팀의 아이들에게 먼저 손을 내밀어 풀이법을 알려주는 여유 있는 모습까지 보인다.

아이들은 약간 수줍어하는 친구가 발표하면 좀 더 크게 호응을 해주고 자신감 넘치고 재미있는 친구가 발표하면 좀 더 냉정하게 바라보면서 잘못된 식과 단어를 지적해주는 성숙한 모습을 보이기까지 한다.

이렇게 적극적으로 변화된 학생 중심의 수업은 자존감을 더욱 높이게 된다. 주입식 강의실에 앉아서 듣기만 할 때와 달리 자신이 수업을 이끌어 간다는 것을 스스로 느끼기 때문이다. 질문하고, 토론하고, 발표하면서 유투엠의 학생들은 가지고 있었던 잠

재된 학습 의지를 드러내게 되고, 주도적으로 수업을 이끌어 감으로써 자존감을 세워가게 된다.

아이들에게 성취감을 주는 경험은 아무리 작은 것일지라도 이후의 태도에 큰 영향을 미친다. 처음에는 질문에 답하기도 힘들어 했던 아이들이 발표를 하고 친구들을 가르치면서 나도 할 수 있다는 용기를 얻게 되면 계속해서, 그리고 더 큰 무대에서도 당당하게 자기를 표현할 수 있게 된다.

중계캠퍼스의 초등학교 5, 6학년 아이들이 한국수학말하기 대회에서 보여줬던 당당함이 바로 그런 예이다. 같은 학년으로 이루어진 두 팀이 이 대회에 출전하게 되었는데 모두 본선까지 진출했다. 유투엠 수업 시스템에 익숙해 발표나 말하기에 주저함이 없는 아이들이었지만 워낙 큰 대회이다 보니 긴장이 됐을 법도 한데 결선에 올라서도 5~6m나 되는 커다란 칠판과 수많은 사람들 앞에서 전혀 떨지 않고 논리정연하고 당당하게 발표를 이어갔고 두 팀 모두 대상을 받았다.

선생님은 처음 '말하는 수학' 수업을 시작했을 때 서로 발표를 미루려고 눈치를 보고 막상 칠판 앞에 서서는 어떻게 풀이 과정을 정리해서 써야 하는지 전혀 몰랐던 아이들이 부쩍 성장한 모습에 눈물까지 흘렸다고 한다.

수리구술 올림피아드 대상에 빛나다

김아인 (일산주엽캠퍼스 중1)

나는 5학년 때부터 유투엠 학원에 다니면서 말하는 수학으로 공부했다. 어느 날 선생님께서 올림피아드 대회에 대해 알려주었고 평소에 같이 공부하던 친구들과 팀을 이루게 되었다.

우리는 평소 토론과 발표 수업을 해 와서 익숙했기 때문에 원래 공부하던 대로 준비를 했다. 선생님은 발표 수업을 할 때 더욱 자세하게 할 수 있도록 도움을 주셨다.

여러 가지 유형의 창의사고력 문제를 친구들과 함께 풀어보았고 기출문제도 다양한 방법으로 풀어보면서 발표 실력을 계속 점검했다. 어느 부분이 약한지, 또 어느 부분이 강한지를 파악하고 서로의 단점을 보완할 수 있도록 역할을 분담하는 식으로 연습했다.

예를 들어 창의사고력 문제를 풀 때 도형 문제가 나오면 도형에 강한 친구가 풀고, 설명을 잘하는 친구는 스크립트에 세세하게 수식이나 기호, 그림 등을 활용해 설명하게 했다. 나는 풀이를 보기 좋게 정리하고 다른 풀이법을 잘 생각해내곤 해서 이러한 장점을 잘 살리려고 했다.

처음 출전하는 대회이다 보니 큰 기대 없이 예선에 참여했는데 운좋게 통과했다. 예선 통과를 하고 나니까 욕심이 나서 본선을 앞두고 2~3개월 동안은 열심히 준비하게 되었다.

심화문제를 풀어보고 디테일을 보완하는 방식으로 준비하다가 본선이 얼마 남지 않았을 때는 주말특강도 듣고 발표하는 모습을 휴대폰으로 녹화해 직접 보면서 고쳐야 할 점을 찾기도 했다. 청중이 어떻게 하면 좀 더 쉽게 이해할 수 있는지를 연구하면서 목소리의 크기나 발음 등에도 신경을 썼다.

실력은 물론 엄청난 경험이었다

본선 날 아침에 같이 대회장으로 가보니 참가 학생들 모두가 기출문제집을 풀고 있었다. 다들 긴장한 것 같아 보였는데 나는 생각보다 떨리지는 않았다. 선생님께서 평소 하던 대로만 하면 된다고 격려해주셔서 친구들과 그렇게 하자고 다짐을 한 뒤 무대에 올라갔다.

우리는 인사를 한 뒤 먼저 문제의 요점이 무엇인지를 짚고, 주어진 조건을 파악해 말한 뒤에 풀이 전략을 설명했다. 개념 설명이 필요한 경우에는 먼저 그것을 했다. 풀이 전략 1번이 표를 그리는 것이라고 하면 표를 그리면서 쭉 설명을 하고 답까지 추론한 뒤 2번으로 넘어갔다. 발표는 문제당 3분에서 5분 사이로 조정했다.

나중에 들어보니 우리 팀은 판서를 잘하는지, 큰 목소리로 알아듣기 쉽게 발표하는지, 풀이 전략을 잘 세워서 조리 있게 푸는지 등의 항목에서 고르게 좋은 점수를 받았다고 했다. 나름대로 각자 잘하는 점을 활용해서 임했는데 그게 효과가 있었던 것 같다.

여러 번 연습을 하다 보니 서로의 특징을 잘 알게 된 덕분이었다. 목소리가 귀에 잘 들어오는 친구가 발표를 맡았고, 나는 다른 팀이 발표할 때 다른 풀이법을 많이 제시하면서 스크립트를 맡아서 썼다. 또 다른 친구는 질문이 들어올 때 반문대답을 잘했다.

대회가 끝나고 시상식에서 다른 팀과 무대에 남게 되었을 때 '이만큼 올라온 것도 감사하지만 대상을 타면 정말 좋겠다'는 생각이 들었다. 그런데 정말 대상으로 호명이 되어 우리는 소리를 지르며 기뻐했다. 선생님도 진짜 뿌듯해하시는 모습이었다.

이 대회를 준비하고 대상까지 타면서 나는 많은 것을 얻게 되었다. 대상을 받았다는 자부심이 가장 크지만 수학 문제를 푸는 실력은 물론, 발표력과 자신감이 많이 늘었다. 원래 발표 및 토론 수업을 꾸준히 해 와서 익숙했지만 그래도 많은 사람들 앞에서 엄청나게 큰 칠판에 풀이를 써가면서 발표를 했던 것은 대단한 경험이라고 생각한다. 덜렁거리며 실수하는 일도 줄어들었다. 대회를 준비하면서 꼼꼼하게 풀이를 체크했던 덕분이다.

무엇보다 가장 크게 얻은 것은 친구들과의 좋은 추억과 우정이다. 우리는 평소에도 같이 공부했지만 대회를 준비하면서 서로 의견을 나누고 힘을 합치면서 함께 하는 즐거움을 알게 되어 정말 기뻤다. 혼자 공부할 때보다 더 열심히 하고 싶다는 동기 부여도 되었고 목표도 뚜렷해 집중할 수 있었다.

다른 친구들에게도 기회가 되면 꼭 이 대회에 나가 보라고 권하고 싶다.

07
협동과 배려, 사회성을 기른다

유투엠 교실에서 가장 흔하게 볼 수 있는 장면은 친구들끼리 같이 수학 문제를 푸는 것이다. 모르는 것이 있으면 스스럼없이 일어나서 친구에게 달려가고 자기가 알아낸 비장의 풀이법을 아낌없이 공개하면서 함께 실력을 쌓아가는 곳이 유투엠 교실이다. 선생님 혼자 한 시간 내내 강의를 이어가는 주입식 수업에서는 찾아보기 어려운 모습들이다.

한국교육의 문제점으로 지적되어 온 성적 매기기는 친구를 함께 성장해야 할 동료가 아니라 밟고 일어서야 할 경쟁자로 만들어 버렸기 때문에 자신이 가진 공부비법을 공유한다는 것은 생각하기 어려웠다.

그러나 유투엠 교실에서는 팀별 토론을 통해 문제풀이를 할 경우 말 그대로 머리를 맞대고 방법을 고민한다. 누구는 필요한 식을 생각해내고, 누구는 대입할 항목들을 숫자로 정리하고, 또 누구는 깔끔한 정리로 풀이 과정을 설명하면서 퍼즐을 하나하나 맞춰 멋진 작품을 만들어 낸다.

아주 간혹 한 친구가 혼자서 모든 과정을 도맡아 하기도 하지만 이럴 때 다른 친구들은 그 친구에게 박수를 보내고 격려한다. '너 혼자 다 하니까 좋냐', '잘났다'는 식의 비아냥거림은 찾아 볼 수 없다. 혼자 다 해낸 친구도 옆에서 응원해준 친구들 덕분이라고 감사를 표한다. 유투엠의 말하기 수학을 기반으로 삼은 협력 학습은 경쟁 과열 시대에 사라져가고 있는 협동의 가치를 되살리고 있는 것이다.

함께 한다는 것은 모두에게 이익이다. 잘하는 학생은 다른 친구들에게 설명하거나 서로 다른 풀이법을 내세워 토론하면서 자신의 실력을 두 번, 세 번 확인하고 검증할 수 있기 때문에 좋고, 잘 못 하는 학생들은 잘하는 친구의 설명을 들으며 자극도 받고 몰랐던 것을 깨우치기도 한다.

아이들은 같이 수학문제를 풀면서 얻을 수 있는 좋은 점을 잘 알고 있다. 자신의 풀이법을 듣고 있다가 친구가 잘못된 것을 고쳐주거나 더 좋은 방법을 가르쳐 주면 아이들은 당시의 상황과 함께 학습 내용을 기억한다.

"그때 그거 수철이가 검은 색 티셔츠 입고 온 날 가르쳐 줬잖아!"

공부한 것과 친구들을 같이 떠올리며 오랫동안 기억하니 학습 효과도 만점인 셈이다.

실력과 인성이 함께 자란다

선호는 이해가 조금 더딘 데다 말도 좀 느려서 학교 친구들 사이에서 놀림을 당하는 편이다. 철민이는 덩치가 큰 골목대장 스타일이라 친구들이 좀 무서워한다. 선화는 새침하게 자신의 일을 먼저 생각하는 편이라고 친구들이 수근대곤 한다. 이렇게 성격도, 스타일도 다른 아이들이 한 교실에서 수업을 받는다.

기존의 주입식 강의 교실에서는 이 아이들이 모두 선생님의 일방적인 강의를 가만히 앉아서 듣기만 하기 때문에 각자의 스타일대로 반응이 크게 갈린다.

선호는 선생님의 빠른 설명을 따라가지 못하고 짝꿍에게 물어 보다가 떠든다고 혼이 나고, 철민이는 지루한 학원 수업이 빨리 끝나고 집에 가서 게임할 생각 때문에 집중을 못하고 있다. 선화는 열심히 필기하면서 수업에 집중하려고 하는데 뒤에서 자꾸 선호가 중얼거리는 바람에 신경 쓰인다고 얼굴을 찌푸린다.

하지만 유투엠 수업에서는 너무나 다른 이 세 학생이 함께 소통하고 협력하여 공부한다. 선생님이 던진 질문에 대답하기 위해 천천히 입을 여는 선호를 바라보면서 철민이는 나한테 질문하면 이렇게 대답해야지 하고 준비한다. 느리지만 정성껏 대답하는 선호에게 박수를 보내기도 한다. 또래 가르치기 시간에 철민이와 짝꿍이 된 선화는 축구 경기에 빗대어 설명하면서 철민이가 잘 이해했는지 거듭 체크한다. '아하, 그렇게도 생각할 수 있구나!' 철민이는 선화를 향해서 엄지를 척 내밀어 보인다.

유투엠의 교실에서는 아이들이 누구 한 명 소외되지 않고 다 함께 수업을 이끌어 가는 주인공이기 때문에 서로 간 의사소통이 매우 활발하다. 학습 속도나 이해 수준이 다르더라도 같이 궁리해서 문제를 풀어야 하는 일이 많으니 서로를 이해하고 배려하게 된다.

어울려서 함께 말하기 수학으로 공부하면 할수록 수학 실력이 느는 것은 물론이고 인성까지 함께 자라는 것이다.

선호 어머니는 선호가 조금 느린 것 때문에 학교에서 놀림도 받고 왕따를 당하기도 해서 많이 위축되었는데 유투엠에서 아이들과 함께 수업을 받은 뒤 다시 활발해졌다고 매우 좋아했다. 친구들이 선호의 느린 부분을 신중하다고 여겨 주는 것 같다면서 유투엠 수업을 통해 아이들 모두가 함께 살아가는 사회성까지 기른 것 같다고도 했다.

학교 폭력을 따돌리다

이렇게 유투엠의 말하기 수학은 아이들이 사회에서 함께 어울려 살아갈 때 필요한 협동과 배려라는 덕목을 덤으로 가르쳐 준다. 학교 폭력과 집단 따돌림 등 경쟁 위주의 교육 시스템에서 발생했던 학교 문제의 근본적인 해결책을 찾는 데서 시사하는 바가 크다.

학교 폭력이나 왕따 문제를 해결하기 위해서는 보다 근원적이고 본질적인 접근을 해야 한다. 문제 발생의 근원은 자신의 의견이나 생각이 존중받지 못하고 수업에서 소외된 아이들을 만들어 내고 있는 교실 수업과 학교 문화에 있다. 자신의 존재를 인정받지 못하고 학습에서 만성적으로 배제되어 있는 아이들이 자신의 인정욕구를 친구를 왕따시키는 데 참여함으로써 드러내고 있는 것이 아닐까. 인정받고 참여하고 싶다는 내적 욕구를 왜곡된 방식으로 표출하고 있다고 보아야만 할 것이다.

이런 문제를 해결하려면 학생들 내면에 쌓인 불만과 소외된 학습문화를 근본적으로 혁신해야 한다. 그 대안으로 생각할 수 있는 것이 바로 수업의 주인공으로 학생들을 내세우는 플립러닝이다. 누구 하나 소외되는 아이들 없이 모두가 수업의 주인공으로 참여하는 열린 수업모델이 절실하게 필요하다. 모두가 소외되지 않고 의미 있는 학습 과정에 참여하도록 해야 한다. 협력과 소통을 중시하고 학생들의 참여를 기반으로 하는 플립러닝은 왕따나 학교 폭력 문제를 해결하는 열쇠가 될 수 있다.

서로 협력해서 문제를 풀고 해결해나가는 경험을 거치면서 아이들은 경쟁에서 이겨 1등을 하는 것보다 친구들과 함께 논의하는 과정을 통해 더 많이 배울 수 있다는 것을 알게 된다. 아이들은 특별히 서로를 돕거나 배려하라고 가르치지 않아도 자연스럽게 문제를 '함께' 해결해 가는 방법을 터득하게 된다. 선호와 철민이, 선화가 그랬던 것처럼 특별히 똑똑하거나 쉽게 이해하는 학생, 혹은 조금 천천히 깨닫는 학생 등 서로 다른 아이들이 모여도 잘 어우러진다.

먼저 이해한 학생은 친구에게 설명해주면서 자신이 아는 것을 확실하게 기억하는 기회를 가지고, 조금 늦게 배우는 학생은 친구의 도움으로 자세히 배우는 기회를 가지게 되면서 서로가 필요한 존재라는 것을 인식한다. 친구를 경쟁자로 보는 게 아니라 협력해서 가르쳐 주고 도와주어야 할 협력자로 보게 된다. 친구들의 관계가 일방적이 아니라 서로를 위한 쌍방의 관계가 되는 것이다.

교실수업에서 수학적 지식을 습득함과 동시에 의사소통과 협업 능력을 함께 키울 수 있다는 점에서 플립러닝 유투엠의 '말하는 수학'은 21세기 핵심역량을 성장시키는 미래 지향적인 수학 교육모델이라고 할 수 있다.

친구를 가르쳐 주면서 내가 더 배운다

권성연 (부산 연산캠퍼스 초등학교5)

나는 3개월 전부터 유투엠에 다니기 시작했는데 그전에는 집 근처 다른 학원에 다녔다. 그때는 학교랑 똑같이 선생님의 설명을 듣고 문제를 많이 푸는 식으로 공부했다. 지루하고 힘이 들어서 엄마에게 학원을 바꿔달라고 부탁했다. 엄마는 공부 방법이 다른 학원이라며 유투엠에 데리고 가셨다.

처음 레벨 테스트를 하고 반 배정을 받은 뒤 수업에 들어가니 정말 공부 방법이 새로웠다. 동영상을 보면서 예습을 하는 거랑 선생님이 질문을 하면서 말을 많이 시키는 거랑 친구들과 토론하는 모든 것이 신기하고 재미있었다.

나는 그중에서도 친구 가르치기가 제일 좋았다. 그전에는 가만히 앉아서 선생님의 설명을 듣기만 해서 졸릴 때도 많았는데 유투엠에서는 내가 직접 선생님처럼 설명을 하니까 재미도 있고 졸릴 틈이 없었다.

잘 모르는 걸 설명하려면 아주 어렵다. 말을 잘 이어갈 수도 없고 버벅거리니까 친구들이 금방 내가 모른다는 걸 알게 되었다. 그래서 친구 가르치기를 하기 위해서는 완벽하게 문제를 이해하고 풀이법도 알고 있어야만 했다.

그런데 모른다고 해도 창피하지는 않았다. 선생님은 우리가 학생이니까 당연히 모르는 거라고 배우면 된다고 격려해주시기 때문이다. 그리고 친구들도 나처럼 버벅거릴 때가 있다. 우리는 서로 놀리기도 하지만 때로는 내가 모르는 걸 친구가 설명해주고 또 친구가 모르는 걸 내가 설명해주면서 같이 배운다.

그렇게 서로 선생님이 되어서 가르친 것은 신기하게 더 기억이 잘 난다.

가르쳐 주면 더 많이 알게 된다

처음에 나만 아는 것을 친구들에게 말해주려고 할 때는 엄청 망설여졌다. 나만 알면 내가 더 점수를 좋게 받는 게 아닌가 하는 생각도 들었다. 그런데 다른 친구들이 아낌없이 자기가 아는 것을 알려주는 걸 보고 부끄러워졌다.

그래서 친구들이 모르는 풀이법을 설명해주게 되었는데 신기하게 그렇게 설명을 하고 나면 내가 더 확실하게 배우는 거 같다. 친구들이 알기 쉽게 차근차근 풀어서 이야기하다 보면 조금 헷갈렸던 것도 분명하게 정리가 된다. 머릿속에 엉클어진 채로 아무렇게나 놓여 있던 지식들이 말을 하면서 보기 좋게 정리가 되는 것이다. 엄마를 도와드리기 위해 설거지를 했을 때 아무렇게나 막 쌓아 두었던 것을 엄마가 잘 정리하면 보기도 좋고 찾아 쓰기도 좋게 되는 것과 같다는 생각을 했다.

유투엠에서 배운 대로 학교에서도 친구들에게 설명하는 것을 좋아하게 되었다. 처음에는 내가 설명해주는 것을 싫어하는 친구도 있었다. 잘난 체하는 것으로 생각한 것 같았다.

그러다 내 성적이 계속 오르니까 물어보는 친구들이 많아져 계속 설명을 해주게 되었다. 친구들이 주위에 모이니까 신이 나고 틀리면 안 되겠다 싶어서 더 열심히 공부했다. 설명하면서 자꾸만 더 많이 알게 되었다.

우리 반에 공부를 아주 잘하는 친구가 한번은 왜 그렇게 자세히 설명을 해주는 거냐고 물어서 그렇게 하면 내가 더 정리가 되어 좋다고 말해주었다. 그랬더니 어느 날 그 친구도 다른 친구에게 설명을 해주고 있었다. 그걸 보는 게 재미있었다.

나는 친구들과 함께 공부하는 게 너무 좋다. 혼자서 하면 지루하고 또 내가 아는 방법으로만 문제를 풀게 되는데 여럿이 같이 하면 재미도 있고 내가 모르던 것도 알게 된다. 친구 가르치기로 설명을 막 하다가도 친구가 "어, 여기서 이렇게 할 수도 있지 않아?" 하고 말하면 그 순간부터 더 재미가 있어진다.

서로 선생님도 되고 학생도 되면서 공부하는 게 참 즐겁다.

말하는 수학

© 양환주 정철희, 2019

초판 1쇄 발행 2019년 7월 2일
초판 5쇄 발행 2019년 7월 19일

지은이 양환주 정철희
펴낸이 이경희

발행 글로세움
출판등록 제318-2003-00064호(2003.7.2)

주소 서울시 구로구 경인로 445(고척동)
전화 02-323-3694
팩스 070-8620-0740
메일 editor@gloseum.com
홈페이지 www.gloseum.com

ISBN 979-11-86578-72-8 13370

• 잘못된 책은 구입하신 서점이나 본사로 연락하시면 바꿔 드립니다.